TRANSPORT EN COMMUN

Inhalt

Vorwort

Meine Sorge beim Schreiben dieses Reiseberichts war es, dass manche humorvoll gemeinte Passage zu sarkastisch klingt, meine Sicht auf diesen fremden Planeten Westafrika überheblich und respektlos erscheint. Denn gerade Respekt ist ein bedeutsames Wort in dieser faszinierenden Weltgegend und wohl das Wichtigste, was Menschen bei der Begegnung mit mir erwarten können. Noch nie haben mich so viele Menschen mit ihrer bescheidenen, ehrlichen Art so tief beeindruckt und bereichert. Und ich habe größten Respekt davor, wie sie ihr Leben unter widrigen Umständen meistern. Keinen Respekt habe ich dagegen vor den herrschenden Klassen. Sie haben dieses verrückte Afrika geschaffen, halten es in Armut und sorgen dafür, dass man es oft nur noch mit finsterem Humor und Sarkasmus ertragen kann. Manchmal packt mich dann einfach nur die blanke Wut …

Davon bekommt der Rest der Welt oft wenig mit. Westafrika liegt meist im Schatten der großen Ereignisse des Weltgeschehens. Es scheint, als würde hier selten wirklich Bedeutsames geschehen. Politiker, Regierungen, Geschäftsleute und oft sogar die Hilfsorganisationen agieren gern in diesem Schatten, einem Darknet des Politik- und Wirtschaftslebens. Westafrika mit seinen wenigen, undurchsichtigen, oft nicht durchgesetzten Regeln, mangelhaft ausgeprägten Kontrollmechanismen und schwacher

Justiz ist wie geschaffen für das Handeln im Verborgenen. Eine kleine Oberschicht bereichert sich in diesem behaglichen Dunkel. Nur selten fällt ein schwaches Licht des medialen Interesses auf diese Gegebenheiten. Das erstaunte Publikum hört dann meist von Korruption, Bürgerkrieg, Natur- oder Umweltkatastrophen, Seuchen oder Hungersnöten. Der Potentat – oder ein rücksichtsloser Geschäftsmann, profitgetriebener Konzern, skrupelloser Warlord, selbstsüchtiger Religionsstifter – sitzt dann kurz auf der Anklagebank, erhellt vom Blitzlicht investigativer Journalisten, mutiger Menschenrechtsaktivisten, den wenigen idealistischen Politikern oder kritischen Wissenschaftlern. Entspannt kann sich der Missetäter darauf verlassen, dass schon morgen die nächste Schlagzeile die Empörung vergessen lässt, der Medientross weiterzieht. Klingt nicht verheißungsvoll. Vielleicht gibt es aber gerade da, wo viel Dunkelheit herrscht, auch ein besonders helles Licht? Ich sollte es herausfinden.

Die Bevölkerung plagt sich derweil weiterhin unter der erbarmungslosen Sonne. Wenn sie nicht Linderung beim geografischen Nachbarn oder gleich im wohlhabenden Norden sucht. Schon bald sehne auch ich mich nach kühlendem Schatten – nach dem Komfort und dem körperlichen Wohlbehagen, den er in diesen Breitengraden verspricht, als einziger Schutz vor einer alles versengenden Hitze.

PROLOG

Geborgenheit in Weite

Weit unter mir schlägt der Guadalquivir silbrig glänzend seine letzten Haken zum Atlantik. Am Horizont quält sich die matte Februarsonne durch den wolkenverhangenen Himmel und zaubert einen Hauch von Abendröte über Andalusien. Dann setzt der Flieger bei Frühlingstemperaturen sanft in Jerez de la Frontera auf.

So oder so ähnlich beginnt Reisebelletristik gewöhnlich, die von den Abenteuern einer Überlandreise und den Begegnungen unterwegs berichtet. Aber bei diesem Bericht über meine Erlebnisse zwischen Andalusien und Guinea sollen nicht der silbrig glänzende Guadalquivir oder andere Naturschönheiten im Mittelpunkt stehen. Die „Jenseits-von-Afrika-Romantik" wird allenfalls Statist am Rande sein. Falls es diese abseits von Hollywood-Filmen überhaupt je gab. Ich erzähle hier von einer kräftezehrenden, manchmal die Grenzen des Erträglichen überschreitenden Reise, ein paar tausend Kilometer nach Süden in das Herz Westafrikas. Dabei ist mir Trauriges begegnet, aber vieles hat mich auch zum Schmunzeln gebracht. Doch das meiste war bitterer Ernst, wenn der auch manchmal einer gewissen Komik nicht entbehrte. Letztendlich führt mich mein Weg in drei Monaten bis nach Conakry, ehemals das „Paris Afrikas". Die Hauptstadt Guineas, am Atlantik gelegen, jedoch kurioserweise nicht am Golf von Guinea: Der beginnt erst weiter südöstlich in Liberia. Zumindest wenn ich der Internationalen Hydrographischen Organisation Glauben schenken darf, die sich um solche Themen kümmert.

„Wohin? Nach Mauretanien? Guinea-Bissau? In die Spanische Sahara? Was, zum Teufel, gibt es da zu sehen?"

„Ähm ..., keine Ahnung. Sehr viel ... vermutlich. Wahrscheinlich endlose Wüsten, aber auch Savannen und ... tja, Menschen, das pure Leben!", entgegne ich ein wenig stockend.

„Eben! Sand, Schmeißfliegen, dürre Rinder, verhungernde Kinder, ganz viel Elend! Und was machst du da?"

„Schauen, erleben, ...?", so meine zögerliche Antwort, „... und natürlich reisen!"

„Ist das nicht gefährlich?"

„Das werde ich sehen", antworte ich und sehe selbst Fragezeichen vor meinem inneren Auge.

So verlaufen die meisten Gespräche, während ich mich für den Aufbruch rüste. Niemand reagiert begeistert. Eher werden vorsichtige Fragen nach meiner Zurechnungsfähigkeit gestellt. Ich sehe mehr ernstgemeinte Sorge als wehmütigen Neid auf mein kleines Abenteuer. Mir fällt es schwer, auf den Punkt zu bringen, was genau ich eigentlich in dieser Ecke der Welt suche. Reisen bedeutet für mich aber entdecken, das Erleben des Unbekannten, neue Erfahrungen – ungeplant und spontan. Auf meinen bisherigen Reisen fand ich viele Orte, die mich berührt haben, an denen ich mir vorstellen konnte, gerne zu leben. Ich hoffte, auch in Westafrika auf solche Orte zu stoßen, die ich immer erst dann erkenne, wenn ich dort bin. „Eine lange Reise muss mit einer Entdeckung verbunden sein, sonst ist sie Zeitverschwendung", schrieb einst der US-amerikanische Schriftsteller und Afrikakenner per exellence Paul Theroux (*1941).

Egal, was ich im Vorfeld lese, mein Bild von Westafrika bleibt lückenhaft und vage. Beste Voraussetzungen für eine Vor-Ort-Erkundung. Ich werde die Reise allein antreten. Was so manchem einsam erscheinen mag, bietet auch Vorteile. „Wenn man alleine reist, hat man insbesondere die Freiheit, sein zu können, wer man will. […] In Afrika hat der Reisende unbegrenzte Freiheit, und Afrika selbst verstärkt die Erfahrung, wie es kein anderer Ort kann", so Theroux. Perfekt, ein Grund mehr! Denn reisen bedeutet für mich auch das Glück, festzustellen, dass ich überall auf der Welt klarkomme, mich in fremden Kulturen bewegen kann, heimisch werde. Dieses Gefühl und die Befriedigung, die sich dann einstellt, beschreibt ein Freund als „Geborgenheit in Weite".

Westafrika zieht mich seit geraumer Zeit an wie ein Magnet. Mit jedem neuen Informationsfetzen komme ich der Region näher, wird ihre Anziehungskraft stärker. Dass Westafrika für mich bis dato eine Art Wundertüte mit unbekanntem Inhalt ist, stachelt meine Neugier nur weiter an. Wer weiß schon viel über das Westafrika südlich der Sahara? Ein Haufen größerer und kleinerer Staaten, die kaum jemand auf der Landkarte verorten kann. Dort locken keine Begegnungen mit großen Wildtierherden wie in Ostafrika, keine kulturhistorisch einzigartigen Monumente wie die Pyramiden und keine charmanten Altstädte wie Stone Town auf Sansibar. Hier scheinen nur politische Instabilität, Bürgerkrieg, Armut, Elend und Ebola zu Hause zu sein. „Shithole-Countries", wie der vermeintlich allwissende Präsident Trump seinerzeit messerscharf konstatierte. Aber gibt es in Westafrika wirklich nichts als Elend? Wie leben und denken die Menschen dort und was hält diese Länder davon ab, sich aus dem Elend zu befreien? Einfacher ausgedrückt: Was zur Hölle ist da unten eigentlich los? Diese Fragen sind wohl meine stärkste Antriebsfeder.

Das Sammelsurium meiner Beweggründe bleibt trotzdem eine diffuse Melange. Der berühmte britische Afrikaforscher Richard Francis Burton (1821–1890) bringt es vielleicht auch für mich auf den Punkt. Aus dem Kongo schrieb er einst an einen Freund und beantwortete sich selbst kurz und bündig die Frage nach dem „Warum" seiner Reise: „Und die einzige Antwort ist, verdammter Narr [...], dich reitet der Teufel'."

Spätestens mit den steigenden Flüchtlingszahlen aus dieser Weltgegend reifte zudem der Wunsch in mir, einen der Migrationskorridore afrikanischer Flüchtlinge kennenzulernen und in umgekehrter Richtung zu bereisen: die Route aus dem Afrika südlich der Sahara, die Europa über die Straße von Gibraltar erreicht. Warum reise ich in entgegengesetzter Richtung zur Flüchtlingsroute? Ganz einfach: Wichtig ist mir, die Region südlich der Sahelzone über Land zu erreichen und dabei langsam den Ursachen und Wurzeln der Wanderungsbewegung näherzukommen. Ich möchte nicht einfach bei 38 °C und 90 % Luftfeuchtigkeit in Conakry aus dem Flugzeug fallen, sondern den Kulturschock Afrika mit jedem Kilometer in kleinen Dosen verabreicht bekommen. Mir ist klar, dass bei diesem Projekt der Weg das Ziel ist. Ich möchte Hitze, Sand und Staub spüren, zumindest eine vage Vorstellung von den Strapazen bekommen, die Flüchtlinge in der Gegenrichtung auf sich nehmen. Wenn ich auch in der Touristenklasse reisen kann, sofern denn eine vorhanden ist – die Hitze, die Schlaglöcher und die schlechten Pisten sind für alle gleich.

Wer flüchtet wovor? Welche Umstände treiben so viele Menschen dazu, in Europa ein besseres Leben oder Asyl zu suchen? Diese Fragen treiben mich um. Kurz gesagt, ich will die Lebensbedingungen in Afrika südlich der Sahelzone und auf dem Weg dorthin kennenlernen. Mir ist bewusst, dass ich nicht das Gefühl erleben werde, nur aufgrund der Anwesenheit am falschen Ort illegal zu sein, entdeckt und verhaftet zu werden. Der deutsche Pass öffnet auch in Westafrika Tür und Tor. Manchmal gibt es ein wenig Spektakel, aber im Endeffekt geht es nur um den Preis, müssen halt ein paar Euro zusätzlich zum Visum fließen. Meine Angst „entdeckt" zu werden, wird sich auf dreiste Diebe beschränken. Für die soll ich als „reicher" Europäer eine wandelnde Geldbörse und das perfekte Ziel sein. Das jedenfalls will man mir beim Aufbruch weismachen.

Reisenden mit einem minimalen Anspruch an Komfort und einem etwas größeren an die eigene Sicherheit bieten sich heute nicht mehr allzu viele Alternativen, die Sahara zu durchqueren. Abgesehen von der Küstenpiste durch Marokko und Mauretanien sind derzeit alle Trans-Sahara-Routen aufgrund bewaffneter Konflikte versperrt, da manche der Kämpfer im Namen des Herrn zu langwierigen Geiselnahmen und steinzeitlichen Massakern tendieren. Landschaftlich besonders schöne Sahara-Passagen, wie die von Agadez in Niger nach Libyen oder Algerien sind daher absolute off-limits. Für mich! Nicht jedoch für die Karawane der Verzweifelten und Ehrgeizigen, die sich auch weiterhin auf diesen Wegen zum Mittelmeer durchschlägt. Für diese Flüchtlinge ist das Risiko für Leib und Leben oft ein nachgeordnetes Kriterium.

CÁDIZ/SPANIEN

Der Aufbruch: El viaje perfecto?

Starten will ich definitiv noch in Europa und so gönne ich mir vor meinem Aufbruch ein paar Tage im prachtvollen Cádiz. Diese alte spanische Handels- und Marinestadt, aus der einst Columbus aufbrach, um die Neue Welt zu entdecken, kontrollierte früher den Handel mit Amerika und Afrika. Der perfekte Ort für den Aufbruch nach Afrika. Zwei Tage gutes Essen, guter Wein und ein anständiges Bett, bevor ich die Straße von Gibraltar überqueren werde: Das ist mein Plan. Nicht bedacht hatte ich dabei den Carnaval de Cádiz. In Rio, Kölle oder Mainz hätte ich in dieser Jahreszeit vielleicht etwas genauer auf den Kalender geschaut. Das charmante Cádiz ist in der fünften Jahreszeit komplett ausgebucht und nur mit Mühe finde ich noch ein Bett in der „Spanish Galleon". Sozialisiert in Norddeutschland, erscheint mir das karnevalistische Treiben der Iberer in Andalusien doch sehr fremd. Obwohl noch viele tausend Kilometer von der Sahelzone

Panoramablick vom Torre Tavira über Cádiz

entfernt, befürchte ich, dass Cádiz einen Weg gefunden hat, mir symbolisch zu zeigen, wie närrisch mein Vorhaben ist. Mit dem Bus nach Guinea? Völlig verrückt! Da gefällt mir die prophetische Botschaft des historischen Gemäldes in meiner Herberge schon besser. Ich blicke auf die stolz geblähten Segel zweier Fregatten auf weitem, kabbeligem Ozean. Darunter der Titel: „Columbus – El viaje perfecto". Und ich hoffe, das wird sie für mich: Die perfekte Reise!

In Cádiz ist – abgesehen von freundlich grinsenden, mit Sonnenbrillen und Bongos bewaffneten afrikanischen Straßenhändlern – noch nicht viel vom Migrationsdrama zu sehen. So halte ich mich in Cádiz konsequent an meinen Plan, genieße das milde Klima nach dem deutschen Winter, esse zu viele Tapas und trinke den guten Wein. Solange es das alles noch gibt, bevor ich wirklich „in die Bütt" muss.

Karnevalsständchen in der Altstadt

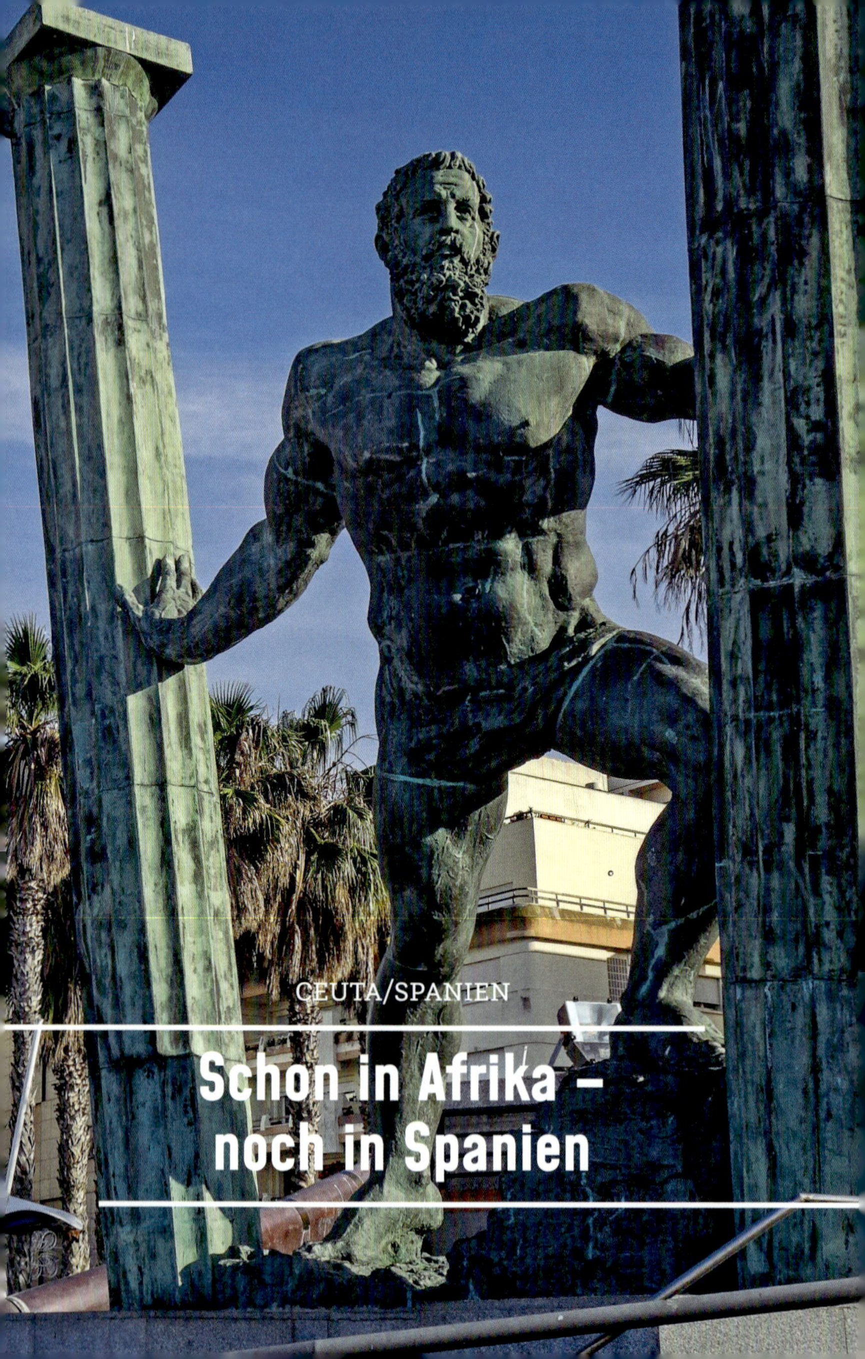

CEUTA/SPANIEN

Schon in Afrika – noch in Spanien

Nur eine Stunde braucht die Fähre vom spanischen Algeciras für die vierzehn Kilometer zum afrikanischen Festland. Ein Lidl-Werbebanner am Hafen von Ceuta ist der erste lesbare Gruß, mit dem mich Afrika empfängt. Nur noch 3.278 Kilometer nach Dakar/Senegal, 4.193 nach Conakry/Guinea, meine beiden grob anvisierten realistischen Fernziele.

In Sichtweite des Felsens von Gibraltar – dem britischen Stachel im spanischen Fleisch – besitzt auch Spanien zwei Exklaven auf dem afrikanischen Kontinent: Ceuta und Melilla. Einst kamen verfolgte Juden und Christen hierher. Heute steht hier eine Mauer, um die „Festung Europa" zu sichern: Ein überdimensionierter Zaun macht den alten Kontinent schon auf afrikanischem Boden zum Bollwerk vor dem Ansturm afrikanischer Flüchtlinge.

Auch andere Skurrilitäten fristen hier ihr Dasein. Ceuta besitzt einen Freihafen, viele Dinge, wie Sprit oder Alkohol, sind subventioniert oder zollfrei. Das verleitet manchen marokkanischen Jugendlichen dazu, hier Party zu machen. Die Bewohner der angrenzenden marokkanischen Dörfer dürfen außerdem zollfrei Waren über die Grenze schaffen – so viel ein geschundener Körper tragen kann. Jegliches Fahrzeug ist verboten. Eine Butterfahrt ohne Schiff sozusagen. Meist erledigen die Frauen diesen harten Job. „Maultierfrauen" werden sie genannt. Ich sehe gebeugte, ärmlich gekleidete Gestalten, die palettenweise Joghurt über die Grenze schleppen. Bis zu fünfzig Kilogramm Alkohol, Lebensmittel oder Beauty-Lotion sind eine normale Last im kleinen Grenzverkehr. Orthopäden oder Arbeitsschützer haben hier Pause. Die Spanier freuen sich derweil über die zusätzliche marokkanische Kaufkraft. Marokko entgehen zwar Zolleinnahmen in Millionenhöhe, die Bevölkerung freut sich jedoch über die günstige Schmuggelware. Warum das Ganze ewig so weiterlaufen kann? Wahrscheinlich, weil die „richtigen" Leute mitverdienen, vielleicht weil dieses Geschäft eine Art Ventil ist? Wie überall auf der Welt bleibt nur der kleinste Teil des Profits bei den Lastenträgern selbst hängen. Das große Geld machen andere.

Heute, an einem Sonntag, ist wenig los im kleinen Grenzverkehr. Europa gibt sich keine Mühe ein einladendes Ambiente zu bieten. Ein verlotterter, mit Stacheldraht gekrönter Drahtzaun zieht sich in Doppelreihe bis ins Meer. Die landzugewandte Seite lässt sich auch nicht lumpen. Hinter weiteren Zäunen prägt ein steiniger, vegetationsloser Hügel das trostlose Bild. Fahrstraße und freies Schussfeld inklusive, wie es aussieht. Die ehemals innerdeutsche Grenze lässt grüßen. Auf dem Hügel finden sich alle paar Meter Militärposten. Von oben blicken hier und da neugierige Augen ins „gelobte Land". Manchmal treffen sich an diesem Bollwerk mehrere hundert Menschen und versuchen die Grenzbefestigung zu stürmen. „Ceuta. Bienvenidos. Welcome. Bienvenue". Dieser Gruß der EU gilt nur den Menschen mit dem richtigen Pass. Hunderte von Metern laufe ich in der Mittagshitze durch einen vergitterten Korridor, der mich an einen Hundezwinger erinnert, dahinter Afrika. Hier endet die Zone des Wohlstands. Als wäre die scharfe Abgrenzung noch nicht anschaulich genug, sammelt direkt hinter dem Zaun eine Afrikanerin in Lumpen lethargisch alte Pappen. Ein Bild der Hoffnungslosigkeit. Nach langen schattenlosen Metern Fußmarsch passiere ich endlich die Grenze, den marokkanischen Stempel im Pass.

Hier endet die EU: Altpapiersammlerin am Grenzzaun

CLOCK
SISTEM

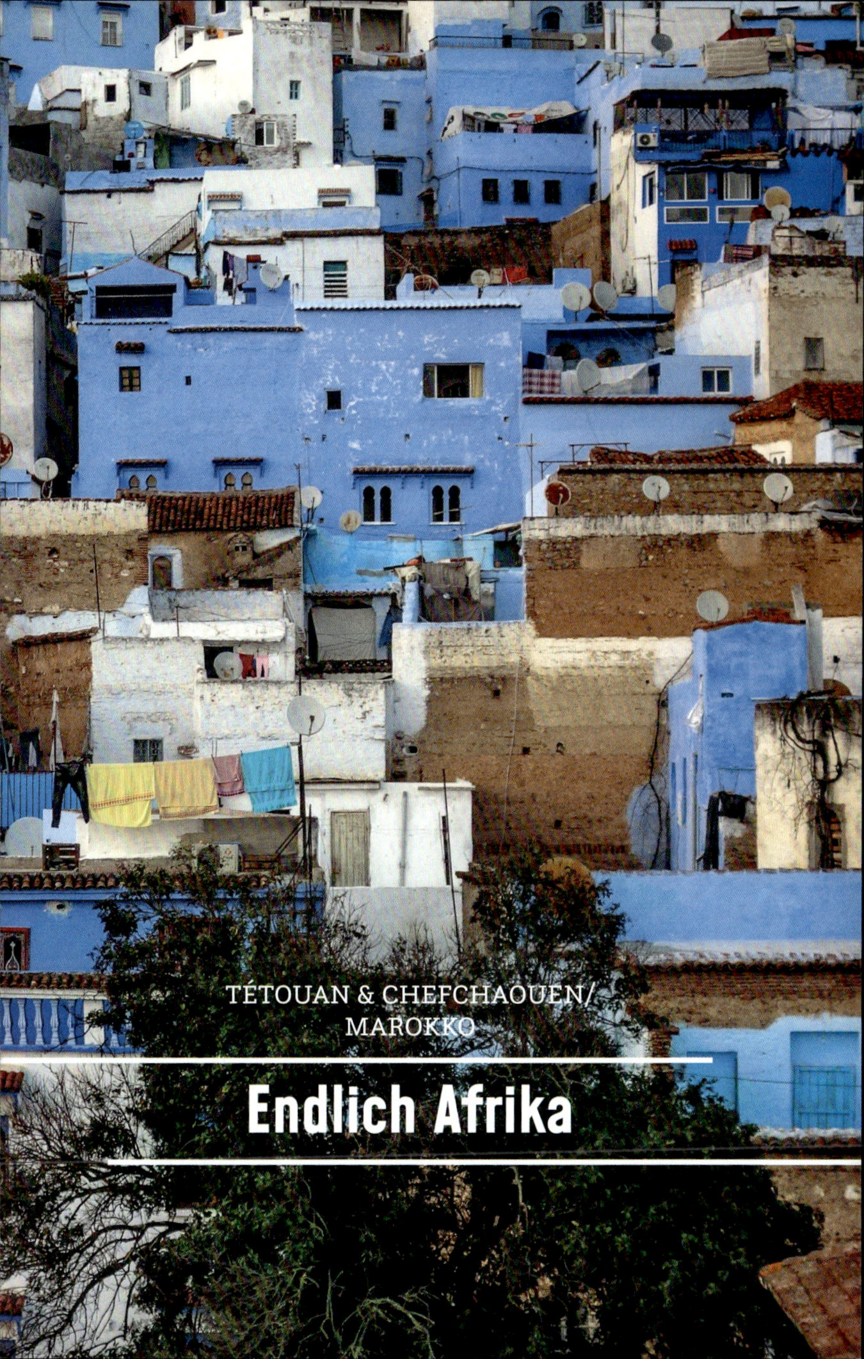

TÉTOUAN & CHEFCHAOUEN/
MAROKKO

Endlich Afrika

Gleich hinter den Kontrollen ist alles gut organisiert. Sammeltaxen, sogenannte „Grands Taxis“, warten auf die Grenzgänger. Für 1,70 € geht es zügig die knapp fünfzig Kilometer an der Mittelmeerküste entlang Richtung Tétouan. Komfortabel über breite palmengesäumte Boulevards, vorbei an endlosen weiß getünchten Resorts für marokkanische Sommerfrischler. In den anmutigen Pinienwäldern entlang der Küste leben seit vielen Jahren gestrandete Afrikaner fast unsichtbar, praktisch vogelfrei. Bis nach Europa haben sie es nicht geschafft, können aber nicht in ihre Heimat zurückkehren. Entweder weil das Geld fehlt, oft auch, weil die Schande zu groß ist, daheim als Versager angesehen zu werden. Wovon sie leben, ist mir schleierhaft. Die Staatsmacht lässt sie in Ruhe, solange sie sich nichts zuschulden kommen lassen, erzählt Ahmed, unser Chauffeur. In wilden Camps fristen kleine Gemeinschaften, fast unbemerkt von der marokkanischen Gesellschaft, ihr Dasein. Dort werden Kinder geboren, die ohne Schule aufwachsen, berichtet er.

Nichts davon sieht man auf der Fahrt an der Küste entlang. Links das Meer, rechts die eindrucksvolle Silhouette des Rif-Gebirges am Horizont. Bis in die Neuzeit war die Küste berüchtigt für ihre Seeräubernester. Nach der Vertreibung der letzten Muslime aus Spanien machten Korsaren von dieser Küste aus das Mittelmeer unsicher, erpressten Lösegelder und mischten im Sklavenhandel mit. Die Rif-Berge sind heute die Heimat der marokkanischen Drogenbarone. Marokko ist einer der größten Exporteure von Haschisch. Angeblich siebzig Prozent des in

Tétouans gute Stube: Pflasterornamente an der Place Feddan, im Hintergrund Teile der Medina

Europa verkauften Cannabis sollen aus dieser Gegend stammen. Jede Grünfläche, die nicht von einer Straße eingesehen werden kann, soll als Anbaufläche für Hanfpflanzen dienen, behaupten böse Zungen. Aus *Publicity*-Gründen steckt der marokkanische Staat ab und zu ein paar Felder in Brand, hat aber wohl den Kampf gegen die rebellischen Berber im Großen und Ganzen aufgegeben. Vor Nachtfahrten in den Bergen wird dringend gewarnt! Denn dann muss der Stoff irgendwie zur Küste, transportiert von rauen Gesellen, mit denen wohl nicht gut Kirschen essen ist. Dort wird die entspannende Droge in Boote nach Europa verladen. Nicht nur Flüchtlinge sind an dieser Küste illegal unterwegs.

Spätestens in Tétouan habe ich Europa hinter mir gelassen. Die verwinkelten Gassen der *Medina* sind vollgestopft mit Menschen. Viele Männer tragen die *Djellaba,* den traditionellen Kapuzenmantel der Berber. Geschäftstüchtige Händler rufen Passanten im *Souk* ihre Angebote zu. Der männliche Teil der Bürger bevölkert Tee trinkend die Cafés und der *Muezzin* versucht sich Gehör zu verschaffen – hier besteht kein Zweifel mehr, dass diese Stadt eine nordafrikanische ist, der Maghreb erreicht ist.

„Es riecht so gut! Pass auf, dass du nicht geschnappt wirst, sie sind nämlich hinter dir her, du alter Kiffer!", war in den 1980ern Nina Hagens fürsorglicher Rat. Nun ja, ernste Sorgen muss sich diesbezüglich in Chefchaouen, nur knapp siebzig Kilometer südlich von Tétouan, wohl niemand machen. „Legalize it" ist Alltag. Schon allein diese Tatsache sichert der malerischen Kleinstadt im Rif-Gebirge einen beständigen Besucherstrom. Tatsächlich riecht es oft sehr würzig. Selbst den öffentlichen Gebrauch des Stoffes im Teehaus – obwohl *haram* (nach islamischem Glauben verboten) – scheut der rebellische Rif-Berber

Winterlicher Nachmittagsplausch

nicht. Angeblich ist der König der größte Landbesitzer in der Region. Ein Schelm, wer bei der Vielzahl der Anbauflächen Böses denkt! Doch auch dies ist ein Gerücht, das sich nicht überprüfen lässt. Denn eigentlich ist Mohammed VI., kurz M6, ja ein Guter, wie ich erfahre. Sein Volk liebt den omnipräsenten Monarchen jedenfalls. Aber zu M6 später mehr.

Verlieren kann sich der Fremde in „Chaouen", wie die Einheimischen ihre Stadt nennen, nicht nur beim Genuss weicher Drogen, sondern auch in den Gassen der *Medina.* Und das stocknüchtern. Offensichtlich sind auch die Stadtplaner Fans des allgegenwärtigen Krauts. Als hätte eine wildgewordene Horde Sechsjähriger ihre King-Size-Packung Bauklötze ausgeschüttet und die kreuz und quer durcheinander liegenden Blöcke anschließend durch Gassen, Tunnel und Treppen miteinander verbunden. Dieser

Schulkinder vor der Snack- und Spielwarenauslage an einer Hauswand

chaotische Häuserhaufen liegt pittoresk an einem steilen Berghang. Hier und da, meist nach hunderten von schweißtreibenden Treppenstufen bergan, finde ich mich in heimtückischen Sackgassen wieder und verfluche die scheinbar tollwütigen Bauherren. All diese wahllos übereinander liegenden Kuben wurden in der Farbe der Weisheit, der Zufriedenheit und Harmonie – also blau – getüncht. Das beruhigt. Sicherlich damit die in diesem Labyrinth seit Stunden Suchenden nicht komplett durchdrehen. Aber diese unterschiedlichen Blautöne schaffen im Häuser- und Treppengewirr tatsächlich eine ganz eigene, melancholische Stimmung. Bezaubernd! Vorausgesetzt man hat kein festes Ziel.

Selbst hier oben in Chaouen, weit im Norden Marokkos, sind viele Händler aus dem südlicheren Afrika fleißig. *Haratin* oder Zugereiste? *Haratin,* die „Freien zweiter Klasse", nennen Marokkaner die Nachfahren der „schwarzafrikanischen" Sklaven, die über Jahrhunderte ins Land verschleppt wurden. Marokko braucht manchmal etwas länger. Erst in den 1960er-Jahren verschwand die Sklaverei in Marokko nach und nach. Die *Haratin* waren es jedoch gewohnt zu schuften und manche brachten es nach ihrer Befreiung schnell zu bescheidenem Wohlstand. Gewöhnlich weiß kein *Haratin,* woher seine Ahnen stammen. Der Weg zurück ins südliche Afrika blieb somit für immer versperrt. Die neuen Herren hatten ihre Sklaven bewusst voneinander getrennt. So waren die *Haratin* gezwungen, die Sprache ihrer neuen Heimat zu lernen. Nur in der Gnaoua, einer mystischen Bruderschaft, die den

FEELING BLUE: UNTERWEGS IM GASSEN-LABYRINTH

CHEFCHAOUEN/MAROKKO

Islam mit Elementen subsaharischer Riten verbindet, ist es den ehemaligen Sklaven mit unterschiedlichen Muttersprachen gelungen, neue Gemeinsamkeiten zu schaffen.

Durch Beobachtung von Sonnenstand, Windrichtung und GPS-Daten finde ich im zartblauen Durcheinander von Treppen, Gassen und Tunneln tatsächlich irgendwann den Heimweg zu meiner Unterkunft. Mohamed, der Hüter meiner bescheidenen Behausung im andalusischen Stil, die filigrane Schnitzereien, üppige Mosaiken und eine kühle Brunnenoase im Innenhof bietet, erzählt mir, dass M6 sehr wohlwollend mit der derzeitigen Fluchtwelle umgehe. Seit ewigen Zeiten mit menschlichen Wanderungsbewegungen vertraut und über Jahrhunderte vom Karawanenhandel abhängig, gewährt der König den 50.000 Subsahara-Afrikanern im Land relativ umstandslos Arbeitsvisa mit bis zu fünf Jahren Gültigkeit. Schließlich kam die ethnische Mehrheit der Marokkaner, die auch das Königshaus stellt, selbst vor langer Zeit von der arabischen Halbinsel. Heute arbeiten Menschen aus Sierra Leone, dem Senegal, Guinea-Bissau und von der Elfenbeinküste in den *Souks.* Als Fischer oder Straßenhändler, oft als Kellner, wahrscheinlich nicht gerade zu Spitzenlöhnen. Aber auch Ingenieure und Ärzte kommen bisweilen. Denn Marokko blickt auf eine lange Geschichte der Migration zurück und ist für afrikanische Verhältnisse heute wohlhabend. Definitiv kein „Shithole-Country“. In Marokko blühten Kunst, Kultur und Architektur schon mehr als 400 Jahre vor der Entdeckung Amerikas.

Dieser bescheidene Wohlstand ist einer der Gründe für die Beliebtheit der marokkanischen Dynastie und die Verehrung von M6. Das marokkanische Königshaus legt traditionell großen Wert auf Bildung. M6 sorgte nach Jahrhunderten endlich für die Gleichstellung der Berber, Tamazight – die Sprache der Berber – wurde 2011 zur Amtssprache erhoben. Trotzdem gibt es Verfassungsartikel, die dem König unumschränkte Macht garantieren. Aus demokratischem Blickwinkel ist M6 also ein Despot. Staatsrechtler sprechen von einem „Hybridregime" aus demokratischen und autoritären Elementen. Offensichtlich liegt M6 aber viel an der Bekämpfung von Armut, Analphabetismus und Korruption. Er erließ ein Familienrecht, das Frauen vor dem Gesetz zu hundert Prozent gleichberechtigt. Das steht in einer patriarchalischen Gesellschaft zunächst zwar nur auf dem Papier – aber irgendwo muss man ja wohl mal anfangen.

M6 tanzte im Kreise der arabischen Despoten deutlich aus der Reihe, als er in der fortschrittlichen Verfassungsreform von 2011 freiwillig Macht abgab und sich im Arabischen Frühling an die Spitze der marokkanischen Bewegung setzte. Seitdem gedeiht die Pressefreiheit zumindest als zartes Pflänzchen, Demonstrationen sind möglich. Kritik am Königshaus verbietet sich selbstverständlich weiterhin. Immer noch sitzen Bürgerrechtler und Blogger in Haft. Irgendwo muss ja auch mal Schluss sein mit dem demokratischen Firlefanz. Bereits in Marokko zeigt sich, dass es offenbar ein Drahtseilakt ist, nach Jahrhunderten mit archaischen Herrschaftsformen aus dem Stand eine erfolgreiche, moderne Gesellschaft zu etablieren. Ich kann verstehen, dass sich der Monarch hier ein letztes Wort vorbehält. Zumindest bis eine Gesellschaft entstanden ist, die auf der Basis eines guten Bildungsniveaus in der Lage ist, ihre Geschicke selbst in die Hand zu nehmen. Undemokratisch? Vermutlich, mir scheint es jedoch ein gutes Zeichen zu sein, dass M6 von den Marokkanern geliebt und im Gegensatz zu seinem Vater Hassan nicht gefürchtet wird. Mag sein, dass ich hier falsch liege, weil die Kritiker sich nicht aus der Deckung wagen. Doch eins darf man bei allem Wohlwollen für M6 nicht vergessen: Wie ergeht es einem Volk, wenn aus einem „guten" König ein „böser" wird oder ein solcher auf ihn folgt?

Das Porträt seiner Majestät gehört natürlich deutlich sichtbar in jedem Geschäft, jeder Imbissbude, jedem öffentlichen Gebäude zum Inventar. Mal traditionell gekleidet, mal in Uniform, mal im Business-Outfit. Mal mit

Speisen wie in Tausendundeiner Nacht:
Restaurant in Chefchaouen

Armee, mal mit Pferden, mal mit Porsche, aber fast immer mit Sonnenbrille – einfach cool. Wie viele Herrscherhäuser in der islamischen Welt sieht sich M6 als direkter Nachfolger des Propheten Mohammed. Mich wundert ein wenig, dass er trotz dieser familiären Nähe zum Begründer des Islam so oft fotografiert werden darf. Fast alle traditionell gekleideten Marokkaner lehnen auch noch so höfliche Fotoanfragen ab. Selbst Motorradfahrer scheinen einen sechsten Sinn zu besitzen und reißen in voller Fahrt, noch hundert Meter vom Fotografen entfernt, den Arm vors Gesicht. Der Islam verbietet die Abbildung des Menschen, sagen mir die Einheimischen. Denn laut Koran kann nur *Allah* erschaffen. Scheint mir etwas weit hergeholt, insbesondere wenn ich daran denke, wie sich Menschen anderer islamischer Länder mit Begeisterung vor die Kamera werfen. Für den König Marokkos scheinen wohl sowieso andere Regeln zu gelten.

Café-Dachterrasse bereit für die Nachmittagsgäste

MARRAKESCH/MAROKKO

Zum Tee bei einer alten Liebe

Anfang März spuckt mich ein Nachtbus im Morgengrauen weit entfernt von Marrakeschs Zentrum aus. Morgens um sieben, bei 12 °C, Nieselregen aus bleigrauem Himmel und blassen Farben, weckt die Stadt keine anheimelnden Gefühle in mir. Vor mehr als 25 Jahren war das anders. Liebe auf den ersten Blick. Ich war sofort vernarrt in die Stadt. Die Atmosphäre bei meiner mitternächtlichen Suche nach einem Quartier hat mich damals fast paralysiert. Ich fühlte mich wie ein Schlafwandler im Traum von Tausendundeiner Nacht. Nur mit Petroleumlampen beleuchtete Stände, der wabernde Rauch der Grillfeuer, das anhaltende Stakkato der Trommeln und die intensiven Gerüche des Morgenlands, manchmal wohlriechend fremdartig, manchmal faulig. Ein orientalisches Treiben wie aus alten Reiseberichten lebendig geworden, ein Alltagsgeschehen, von dem ich angenommen hatte, dass es längst nur noch auf Zelluloid existiert. Marrakesch war einer der Orte, die meine Reisesucht angefacht haben. An anderen Orten kann man merkwürdige Gebräuche studieren, eine exotische Tierwelt oder unglaubliche Naturlandschaften bestaunen. Mancherorts kann man einen Blick auf die Zukunft erhaschen. Marrakesch hingegen war das beste Beispiel, dass auch Zeitreisen in die Vergangenheit noch möglich sind.

Heute Morgen jedoch hasten nur vereinzelt fröstelnde Menschen über den riesigen, fast menschenleeren zentralen Marktplatz *Djemaa el Fna.* Es riecht nach Pferdeäpfeln. Unter tiefhängenden grauen Wolken weichen die ersten Lieferanten auf dem Weg zum *Souk* den großen Pfützen aus. Eher Skandinavien als Orient. Erst gegen zehn schüttelt die Stadt langsam die nächtliche Kälte ab und erwacht zum Leben. Die Geschäfte, manchmal bessere Verschläge oder gar nur ein Loch in der Wand, öffnen. Handwerker beginnen mit der Arbeit. Die großen Arterien des *Souks* füllen sich nach und nach mit Männern, die in dicke wollene *Djellabas* gehüllt sind.

Marrakesch scheint nach dem Konzept Haufendorf entstanden zu sein, hat dieses Konzept perfektioniert und auf die Größe einer Millionenstadt ausgeweitet. Keine Gasse verläuft schnurgerade. Schafe, Ziegen und Hühner, winzige Handwerksbetriebe und die dazugehörigen, nicht immer sehr feinen Gerüche verleihen den ruhigeren Teilen der von einer mächtigen Stadtmauer umgebenen *Medina* heute noch eine dörfliche Aura. Vier- oder fünfstöckige, kastenförmige Gebäude drängen sich dicht aneinander. Abweisende Fassaden mit winzigen Fenstern changieren in allen erdenklichen Ocker- und Rottönen. Oft mühen sie sich an schmalen Wegen vergeblich, Sonnenlicht und Hitze auszusperren. Alle paar Meter zweigen überdachte Gassen ab, schlagen wilde Haken, verengen sich plötzlich und trotzdem zockeln manchmal Eselskarren hindurch. Niedrige überbaute Durchgänge, schmale Pforten, Treppenstufen in die Dunkelheit. Führen die ins Wohnzimmer der Familie Aboutaleb oder zum nächsten kleinen Platz? Nur ausprobieren hilft. Oft sind die Wege so eng, dass nicht einmal zwei Mofas aneinander vorbei passen. Genau das aber – *inshallah*, „so Gott will" – dann doch irgendwie hinbekommen. Möglicherweise durch

Nutzung eines Paralleluniversums oder eines Lochs im Raum-Zeit-Kontinuum. Ohne eine Miene zu verziehen oder gar das Gas wegzunehmen, halten die Piloten stoisch aufeinander zu. Männer mit Nerven aus Stahl. Genau in dem Moment, in dem ich mich auf quietschendes Gummi, splitterndes Glas, berstendes Metall und danach auf lautes Wehgeschrei gefasst mache, scheint sich die Zeit zu verlangsamen, der Äther wird zähflüssig und schon sind die beiden unversehrt aneinander vorbei. Sehr gerne sogar im eleganten Damensattel. *Speed kills!* In Marrakesch höchstens die Fußgänger.

Meine ziellosen Wanderungen führen in überraschenden Windungen durch Teppichläden oder enden plötzlich in einer Sackgasse, die einem Lampenladen als Hinterhalt dient. Solche Standortvorteile werden natürlich geschickt genutzt. Eloquente, lächelnde Verkäufer materialisieren sich aus dem Nichts, schneiden den Rückweg ab. Zum Trost wird dem Opfer Tee serviert, wenn es bereit ist, die Anpreisung der neuesten Sonderangebote über sich ergehen zu lassen. Nicht, dass ich die kunstfertigen, teilweise zwei Meter hohen, fein ziselierten orientalischen Kupfer-Grausamkeiten aus dem Lampenladen mit auf die Reise nehmen könnte. Aber ohne Würdigung der Handwerkskunst direkt auf dem Absatz kehrtzumachen, wäre mehr als unhöflich. Vielleicht käme ja auch die Verschiffung in Frage?

In diesem labyrinthischen Irrsinn kann schon mal ein Teil der Stadt für 200 Jahre verloren gehen. Als Sultan Moulay Ismail, mit Beinamen „der Blutdürstige“ (1645–

Exotisches Sortiment:
getrocknete Blüten und gerahmtes Krokodil

Eine der belebten Hauptschlagadern
im Souk zur Rushhour

Ambulanter „Freiluft-Zahnklempner“
auf dem Djemaa el Fna

1727), gehässigerweise die Eingänge zur Nekropole seines gestürzten Vorgängers zumauern ließ, brauchten die Stadtväter zwei Jahrhunderte und die Erfindung der Luftfahrt, um sie im Häusergewirr wiederzufinden. Wohl aus lauter Verzweiflung über so viel Chaos am Boden, kartografierten die Franzosen Marrakesch 1917 aus der Luft und stellten fest: Hoppla, da ist ja ein ganzes Stadtviertel, das wir gar nicht kennen! Und ein paar Maueraufbrüche später hatten sie mitten in der Altstadt eine prächtige Nekropole von der Größe mehrerer Fußballfelder entdeckt, die bis dahin anscheinend niemand vermisst hatte.

Das Herz dieses ganzen städtebaulichen Wahnsinns ist der *Djemaa el Fna*, ein riesiger, merkwürdig unsymmetrischer Platz. Findet der abenteuerlustige Fremdling nach Stunden tatsächlich wieder aus dem Gewirr des *Souk* heraus, riskiert er, von der Weite, Hitze und dem gleißenden Sonnenlicht auf dem *Djemaa el Fna* erschlagen zu werden. Nach der lichtlosen *Medina* mit ihren überdachten Plätzen, ständig drängenden Käuferströmen, Touristen und überbordendem Warenangebot scheint es, als wollten die Erbauer der Stadt den Augen ihrer Bürger mitten im wimmelnden Ameisenhaufen des *Souk* – allein schon durch die gigantische Dimension und Weite des Platzes – eine Oase der Erholung gönnen. Mit der Erholung ist das allerdings so eine Sache, stolpert der Reisende nicht gerade morgens vor zehn über den *Djemaa el Fna*. Danach wird es heiß und voll. *Djemaa el Fna* bedeutet im Arabischen „Versammlung der Toten" oder auch „Platz der Gehenkten". Früher dekorierten die Almohaden-Sultane den Platz mit den aufgespießten Köpfen der Gehenkten. Heutzutage ist der Platz das genaue Gegenteil einer „Versammlung der Toten“ – sehr lebendig. Nach verzweifelten Zählversuchen und meiner nicht ganz fachgerechten Hochrechnung treiben sich zwischen Einbruch der Dunkelheit und Mitternacht bestimmt zwanzig- bis dreißigtausend Menschen auf dem Platz herum. Fliegende Händler aus dem Senegal, Gaukler, Schlangenbeschwörer und Affen-Dompteure bilden die illustre Staffage. Wasserverkäufer zeigen sich in ihrem exotisch rot-goldenen Outfit, Handleserinnen tun ihre Weisheiten kund. Geschichtenerzähler sind in Fünferreihen von Zuhörern umringt. Ambulante Zahnärzte warten am Campingtisch hinter ihren grausigen Instrumenten auf Laufkundschaft. Also, trag deine Wertsachen am Körper, stürz dich ins Gedränge und pass auf, dass du nicht auf eine schlecht beleuchtete Königskobra trittst!

Den Soundtrack zur Szenerie bildet ein Klangteppich ambitionierter Musiker aus allen Regionen Marokkos und der Sahara, die leider ohne Sicherheitsabstand voneinander die unterschiedlichsten Melodien gleichzeitig spielen. Penetrantes Geflöte konkurriert mit dem Jaulen einseitiger afrikanischer Geigen, unterlegt von einem alles durchdringenden, niemals endenden Bongostakkato – das subsaharische Afrika lässt grüßen. Zudem ist der Platz die Garküche der Nation. Hier wird pochiert, gegrillt, flambiert. Hohe Stichflammen erhellen die Nacht und begnadete Grillmeister hantieren mit beeindruckend großen Tierteilen, während ein buntes Völkergemisch aus Marokkanern, Saharawis, Subsahara-Afrikanern und Touristen an den richtigen Stand für *Kefta, Tajine* oder *Harira* gelotst werden will. Um dieses Irrenhaus als Weltkulturerbe irgendwie zu fassen zu bekommen, hat die UNESCO für den *Djemaa el Fna* eigens das Label „Meisterwerk des mündlichen und immateriellen Erbes der Menschheit" erfunden. Wie diese Art von Kulturgut geschützt werden kann, ist mir jedoch vollkommen unklar. Wohl am besten, indem man den Platz einfach zur rechtsfreien Zone erklärt und die Akteure in Ruhe machen lässt. Die Polizei jedenfalls scheint das Durcheinander nur vom Rand her zu beaufsichtigen, sich aus allen zwielichtigen Aktivitäten herauszuhalten und nur beim gröbsten Unfug einzugreifen.

Heute gilt Marrakesch im Westen als hip. Künstler wurden schon vor dem Ersten Weltkrieg von der Stadt angezogen. Seit Yves Saint Laurent, Andy Warhol und Mick

Schlangenbeschwörer mit zwei Königskobras und Ersatzschlangen bei der Arbeit

Jagger in den 1960er-Jahren die Stadt für sich entdeckten, kaufen sich immer mehr Prominente in Marrakesch ein. Heute ist die Liste der *Celebrities* endlos.

Wie viele Ausländer restaurieren sie die *Riads* – die traditionellen Wohnburgen mit ihren schattigen Innenhöfen und plätschernden Brunnen – oder erneuern die noch vorhandenen Gärten liebevoll. Die Nachtclubs der Stadt gehören zu den angesagtesten der Welt. Erste Cafés servieren *Chai Soja Latte* und *Organic Food.* Museen entstehen, Galerien sprießen aus dem Boden, sodass das Geographische Institut der Universität Mainz schon eine Musealisierung als „neo-orientalistische Stadt des Märchens“ beklagt und von der „Materialisierung des Mythos von Tausendundeiner Nacht“ spricht.

Beim Abendessen auf einer Dachterrasse, mit Blick auf das nächtliche Treiben, treffe ich Seydou aus der Casa-

Alleinunterhalter mit einem interessanten Instrument

mance im Senegal. Drei Jahre hat der junge zurückhaltende Kellner bereits in Guangzhous großer afrikanischer *Community* in Südchina gelebt. Deren Mitglieder schaffen alles, was China billig produziert, irgendwie nach Afrika. Seydous Ziel ist ein Job in Europa, in Frankreich vielleicht. China war ihm viel fremder als das Europa, das er aus dem Fernsehen kennt. Deshalb ist er zunächst nach Afrika zurückgekehrt. Natürlich muss er seine Familie in der Casamance unterstützen. Jetzt ist der attraktive Senegalese mit den großen Augen erst einmal Kellner in Marokko – in voller orientalischer Tracht und mit rotem Fez. Immerhin im ersten Haus am Platz. Wie es weitergeht? „Europa ist derzeit außer Reichweite“, sagt er verschmitzt. Mal sehen. Auf jeden Fall soll ich bei seiner Familie vorbeischauen, falls ich auf dem Weg nach Süden in der Casamance vorbeikomme. Seydou bleibt vorerst Teil des weltweiten Heeres von Wanderarbeitern und Billiglöhnern, die darauf angewiesen sind, immer dort zu arbeiten, wo es Jobs gibt. In Europa wäre er, wie wir so gerne abschätzig sagen, ein Wirtschaftsflüchtling. Wie man an Seydou sieht, kommen die – zur Überraschung vieler „Nationalkonservativer“ daheim – gar nicht alle nach Deutschland! Erstaunlich wenige Flüchtlinge emigrieren wirklich nach Europa, nur etwa 100.000 jährlich. Die meisten Flüchtlinge – aktuell knapp sieben Millionen – befinden sich in der Sub-Sahara-Region, viele davon sind Vertriebene im eigenen Land, die meisten anderen leben in Nachbarländern.

Seydou jedenfalls gibt mir zu verstehen, dass er in Marokko gern gesehen ist und sich immerhin als Gastarbeiter und nicht als Bittsteller fühlt! Pendler, Wanderarbeiter, Gastarbeiter, Wirtschaftsflüchtlinge: Je nach Hautfarbe, nach Abstand zur Heimat oder politischem Zustand der Heimat, wandelt sich ihr Status im Gastland. Für unbeteiligte Betrachter dagegen verschwimmen die Begrifflichkeiten.

Marrakesch sollte eine letzte Station vor der Tristesse der Sahara sein. Zu Besuch bei einer alten Liebe. Die Stadt hat sich definitiv verändert. Es gibt mehr Touristen, mehr Angebote. Ihre maghrebinische Seele hat sie aber noch nicht verkauft. Hoffentlich hat das den Menschen auch ein klein wenig mehr Wohlstand gebracht. Nach fünf Tagen in der Stadt breche ich am späten Nachmittag zu meiner längsten Etappe auf. Mit der 1.400 Kilometer langen Reise nach Dakhla in der Provinz Sahara lasse ich die letzten grünen Oasen Marokkos hinter mir.

Schnell hat der Bus auf dem Weg nach Süden die Palmerie von Marrakesch verlassen und die steinigen Ebenen erreicht. Auch die werden schon bald von kargen braunen Hügeln abgelöst. Erst als die Nacht hereinbricht rückt die vegetationslose, scharf konturierte Gebirgskette des Anti-Atlas etwas näher. Wenn die Sonne wieder aufgeht, wird der Bus die Provinz Sahara, früher als Spanisch Westafrika oder Rio del Oro bekannt, bereits erreicht haben.

LAÂYOUNE & DAKHLA/MAROKKO, PROVINZ SAHARA ODER DEMOKRATISCHE ARABISCHE REPUBLIK SAHARA (DARS)

Brennend heißer Wüstensand

ماشاء الله

M6 besuchte gerade einen Hammam, als ihm
ein Flaschengeist erschien.
„Einen Wunsch hast du frei", bot ihm der Geist an.
„Ich möchte wirklich gerne noch einmal mit meinem
verstorbenen Vater König Hassan II. plaudern."
„Oh, einen Toten zum Leben zu erwecken, das ist ein
schwieriger Wunsch", entgegnete der Flaschengeist,
„Hast du nicht noch einen anderen Wunsch?"
„Na ja, ich möchte auch gerne, dass die Westsahara
ein Teil Marokkos wird", sagte M6.
„O.K., lehn dich einen Moment zurück, entspann dich. Ich
schaue derweil, dass ich deinen Vater auftreiben kann!"

Saharawi-Witz

Langsam kriecht das fahle Märzlicht über den Horizont. Es ist acht Uhr morgens und immer noch saukalt, als der Bus Laâyoune, die größte Stadt der ehemals spanischen Sahara, immer noch mehr als 500 Kilometer von Dakhla, verlässt. In Laâyoune war kaum Zeit für einen Tee im Marmorpalast des modernen Busbahnhofs. Das ist ungewöhnlich, denn normalerweise lassen sich Fahrer und Passagiere eine solch gute Gelegenheit für eine anständige Mahlzeit auf einer Langstrecke nicht entgehen. Ich habe den Eindruck, dass man sich in dieser Unruheprovinz nicht länger als nötig aufhalten will. Der Bus hat sich nach Stopps in Agadir und Tan-Tan spürbar geleert. Das ist angenehm, denn ich kann mich über zwei Sitze fläzen. Trostlose, sandfarbene Ortschaften ducken sich alle paar hundert Kilometer unter dem grauen Dunst des Himmels, fade Bedeutungslosigkeit in einem Meer aus Schotter. Hier und da stehen ein paar Zelte im Nichts, ein Fischer an der Steilküste, selten ein paar stromernde Dromedare. Highlight sind ein paar Wüstenblumen an einer sandigen Böschung. Während die gleichförmige Landschaft am Fenster vorbeizieht, nähere ich mich langsam einem meditativen Zustand, tief in mir ruhend. Wenige Pixel im großen Wüstengemälde. Das Meer, wenn es zu sehen ist, wirkt wenig einladend. Meer und Himmel haben die gleiche milchige Farbe und verschmelzen miteinander, ohne dass der Horizont klar auszumachen ist. Die Kontrollen der *Sûreté Nationale,* der Staatspolizei, häufen sich inzwischen. Der Bus wird durchsucht, zum ersten Mal will jemand meinen Pass sehen.

Pinkelpause in einem Café im Nirgendwo. Eine kaum frequentierte Tankstelle, durch die der Wüstenwind fegt, ein paar weißgetünchte Zementkästen, die das Café und ein paar winzige Motelzimmer beherbergen. Verschlafene Langeweile bis vielleicht einhundert schwer bewaffnete Polizisten der *Sûreté Nationale* per Jeep, SUV und in Bussen auf einen Kaffee eintrudeln. Zu den Aufgaben der Truppe, die für Marokkos innere Sicherheit zuständig ist, gehört die Grenzüberwachung und die Terrorismusbekämpfung. Sie besitzt mobile Interventionscorps und arbeitet eng mit den *Moroccan Auxiliary Forces,* einer paramilitärischen Einheit, zusammen. Ihre Ausrüstung erweckt nicht gerade den Eindruck, als würden sie Hühnerdieben nachstellen. Die Scheiben ihrer schicken SUVs sind vergittert. Die höheren Offiziere haben ihre Augen fast ausnahmslos hinter Sonnenbrillen versteckt. Ein surreales Frühstück zwischen schwer bewaffneten Uniformierten, die uns Busreisende völlig ignorieren, folgt. Der Colt muss nicht an der Bar abgegeben werden. Die Zivilisten senken verschüchtert Stimme und Blick, Gespräche verstummen. Fotos verboten. Mehr Kasernenkantine als Raststätte. Offensichtlich muss dieses Meer aus Sand und Steinen schwer gesichert werden.

Die Provinz Sahara befindet sich offiziell in einer Art Schwebezustand. Hier, in Afrikas letzter Kolonie, schläft ein fast vergessener Befreiungskrieg, während Marokko Fakten schafft. Wie ist es möglich, sich über den Besitz eines derart trostlosen Landstrichs so sehr in die Haare zu kriegen, dass bislang schon über eine Milliarde Dollar in Frieden stiftende UN-Missionen versenkt werden musste?

1884/85 bekamen die Spanier diese fast menschenleere Wüstenregion zugesprochen, die offensichtlich keine der anderen Kolonialmächte haben wollte. Nach vielversprechenden Phosphat-Funden verlangten Marokko und Mauretanien die Entkolonialisierung der Westsahara. Spanien blieb jedoch und so gründete sich 1973 die linksgerichtete POLISARIO und begann den bewaffneten Kampf der Saharawis gegen die spanische Herrschaft. Inzwischen hatte der Internationale Gerichtshof in Den Haag entschieden, dass die spanische Sahara bei Kolonialisierung kein herrenloses Territorium war, sondern sich in einer Treueeid-Beziehung Marokko unterworfen hatte. Mit die-

Speiseangebot einer kleinen Raststätte
im Nirgendwo der Wüste

Bauboom im Art-Déco-Stil: Dakhla wächst!

Teekanne oder Aladins Wunderlampe?
Touristenattraktion auf Dakhlas neuer Promenade

sem Urteil in der Tasche setzte der marokkanische König Hassan II. seinen lang gehegten Plan zur Einverleibung des Territoriums in die Tat um. Im November 1975 marschierten über 350.000 Menschen beim sogenannten „Grünen Marsch“, nur kärglich mit Koran und grünem Stern auf roter Fahne bewaffnet, über die Grenze und holten die verlorene Provinz heim nach Marokko.

Bis heute kämpft die POLISARIO jedoch für eine unabhängige Sahara-Republik der Saharawis. 1976 hat sie die Demokratische Arabische Republik Sahara (DARS) ausgerufen. Die ist immerhin von 46 Staaten anerkannt. Es waren sogar schon einmal um die achtzig, doch die Front gegen die marokkanische Annexion bröckelt. Die Oberhoheit Marokkos über die ehemalige spanische Sahara will hingegen niemand so recht anerkennen. Sogar meine Botschaft vertritt mich aus völkerrechtlichen Gründen in diesem Teil der Welt nicht. Uniformen und Fakten sprechen eindeutig dafür, dass ich mich auf marokkanischem Territorium befinde. Das Völkerrecht sagt jedoch, dass ich mich in einem „Nicht-selbst-regierten-Territorium“ aufhalte.

Währenddessen bekämpft die POLISARIO den marokkanischen Staat aus der Wüste heraus. Auf 2.700 Kilometern Länge quer durch die Sahara hat sich die Provinz hinter dem „Hassan-Wall“ verschanzt. Bewacht von 130.000 Soldaten, alle drei Kilometer mit einem Kommandoposten bestückt, ausgestattet mit jedwedem elektronischen Schnickschnack, Bewegungsmeldern und Stacheldraht, soll ein Streifen Landminen für die Extra-Portion Sicherheit hinter dem „Hassan-Wall" sorgen. Immerhin ein Drittel von König Mohammeds Provinz liegt jenseits der Mauer und wird von Marokko nicht kontrolliert. Marokko betreibt somit mitten in der Wüste das vermutlich längste durchgängig von Landminen gesicherte Befestigungswerk der Welt.

Aktuell schwelt der Konflikt auf kleiner Flamme mit einer Strategie der gegenseitigen Nadelstiche. Der inzwischen schlafende Krieg hat nach Schätzungen wohl die Hälfte der Saharawis nach Algerien oder in den von Marokko nicht kontrollierten Teil der DARS hinter Hassans Mauer vertrieben. Mindestens 120.000 Menschen sind geflohen, die meisten leben in menschenunwürdigen Flüchtlingslagern in der südalgerischen Wüste.

Der derzeitige fragile Waffenstillstand wird seit 1991 von der UN überwacht. Klares Ziel der UN-Mission ist die Abhaltung eines Referendums zur Selbstbestimmung der Bevölkerung. Aber wer darf abstimmen? Es scheint unmöglich, hier eine Einigung herbeizuführen. Die POLISARIO besteht darauf, dass nur die Saharawis und deren Kinder stimmberechtigt sind, die zur Zeit der spanischen Kolonialherrschaft, also vor gut 45 Jahren, in dem Territorium lebten. Marokko fasst den Kreis der Stimmberechtigten natürlich weiter. Erschwerend hinzu kommt die Neigung großer Teile der Bevölkerung, einer nomadischen Lebensform zu frönen. Wer war wann wo? Und wer soll das feststellen? In der Wüste gibt es keine Geburtsurkunden. Ein solcher Konflikt ist nicht mehr zu entwirren. Währenddessen errichtet Marokko Straßen und Häfen, baut Hotels, pflastert die Wüste mit Armee-Camps und fördert den Zuzug neuer potenziell Stimmberechtigter aus dem Norden mit Steuer- und Zollfreiheit. Derweil verschwinden kritische, nach Unabhängigkeit oder Selbstbestimmung rufende Stimmen der Saharawis immer noch in den Kellern der marokkanischen Geheimpolizei. So träumt so mancher Saharawi von einer Intifada nach palästinensischem Vorbild, während andere einfach nur ihre Ruhe wollen.

Und was macht die marokkanische und die europäische Jugend vor dem Hintergrund dieses politisch frustrierenden Konflikts in der Westsahara? Sie geht Kite-Surfen! Dakhla, auf einer sandigen, 38 Kilometer langen Landzunge im Atlantik gelegen, bietet in einer Lagune mit beständigem Wind beste Verhältnisse für Kite-Surfer. Marokko hofft, diese Destination auf der Weltkarte der Fun-Sportarten zu etablieren, Arbeitsplätze zu schaffen und die Wüste vielleicht noch ein wenig marokkanischer zu machen. Nach 1.400 Kilometern Fahrt von Marrakesch, auf der es selten mehr als Steine zu sehen gab, wirkt das Meer der bunten Segel über der Bucht von Dakhla wie eine Fata Morgana. Genauso wie die Blechlawine der Wohnmobile, die es zu Dutzenden hierher geschafft haben. Hauptsächlich Franzosen und Spanier überwintern kostengünstig am Strand oder in bewachten Camps irgendwo in der Wüste.

Noch ist in Dakhla der „Traum vom großen Geld“ in weiter Ferne. Von Massentourismus kann keine Rede sein. Abgesehen von ein paar Restaurants und Hotels an breiten, staubigen und menschenleeren Boulevards döst Dakhla in der stechenden Sonne vor sich hin. Ambitionierte Stadtväter werten die Promenade mit der Skulptur einer überdimensionalen Teekanne auf, Schlepper versuchen Fahrten mit dem Elektro-Go-Kart ans Kind zu bringen. Von künftigem Wohlstand träumende Männer hocken stundenlang in den Cafés. Ein paar Kite-Surfer fahren hinaus zu den Stränden. Auf den Märkten findet ein bescheidener Transithandel mit dem Sahel statt, textile Massenwaren werden verhökert. Saharawis sind kaum zu sehen, aber es fällt auf, dass hier und da die Bekleidung der Frauen etwas bunter und luftiger wird. Erst nachts belebt sich das kleine Zentrum um den Markt. Berge billiger Klamotten und ein Meer aus Plastik-Flip-Flops werden feilgeboten. Dakhla mit seinen gähnend leeren Boulevards ist bereit, wartet aber noch auf seine goldene Zukunft im Reich des M6.

Letzte Tankstelle für viele Kilometer Wüste
auf dem Weg nach Mauretanien

NOUAKCHOTT/MAURETANIEN

Apocalypse now!

Der marokkanische Grenzbeamte in Guerguerat, ein paar hundert Kilometer weiter im Süden, ist äußerst korrekt. Er wird der letzte sein, der über meine fehlende Polizeinummer im Pass meckert. Nachdem ich die Schlange hinter mir lange genug aufgehalten habe, beginnt er, eine umfangreiche mathematische Gleichung zu lösen. Schlecht gelaunt, aber dem Schicksal ergeben, ermittelt er auf einem Fetzen Papier, offensichtlich auf Basis einer geheimen Zauberformel, aus drei endlosen Zahlenkolonnen eine beeindruckende sechsstellige Zahl. Zwanzig Minuten später bekomme ich großzügig meine höchstpersönliche Polizeinummer, einen Ausreisestempel und den Hinweis, ich solle nun endlich verschwinden. Jetzt stehe ich hinter dem „Hassan-Wall" im Niemandsland. Oder besser gesagt, in einem nur fünf bis sechs Kilometer breiten Streifen, den tatsächlich die POLISARIO beherrscht und der somit auch faktisch Teil der DARS ist. Der mauretanische Grenzposten ist fünf Kilometer entfernt. Die Sonne sticht gnadenlos vom Himmel. Sand weht Plastikflaschen und anderen Müll über die Straße, als sich der Minibus hinter dem marokkanischen Schlagbaum endlich in Bewegung setzt.

Die Teerstraße endet nach wenigen Metern. Im Zickzackkurs über Sand und blanken Fels geht es auf die am Horizont wartende, von Wachtürmen flankierte Grenze der Islamischen Republik Mauretanien zu. Ausrangierte Lkw-Reifen markieren grob den Rand der Piste, angeblich verbergen sich jenseits davon noch immer Landminen im Sand. Menschen, die hier gestrandet sind, hausen in Lieferwagen oder unter Planen. Abseits der Piste liegen umgekippte, von den Besitzern aufgegebene Lastzüge zwischen großzügig verteiltem Stacheldraht, stehen komplett entkernte Autowracks, das blanke Blech vom Wüstenwind sandgestrahlt. Als hätte hier eben noch ein Gefecht getobt. Ich entdecke die Fahne der POLISARIO an einem Hügel auf Steine gemalt. Der mit Müll, Felsen, Sand und Steinen durchsetzte Wüstenstreifen macht den Eindruck, als hätte die Apokalypse hier bereits stattgefunden. Beklemmend. Dass ich aus dem Bus fotografiere, findet unser Fahrer nicht so toll. Angeblich werden wir beobachtet. Wie Steppenläufer im Western wehen alte Plastiktüten durch die Szenerie, kurioserweise sprenkeln Flachbildschirme den Wüstensand. Der Reiseführer spricht von einem „Mad-Max-Ambiente", das mich in Mauretanien erwartet. Das trifft aber in ganz besonderem Ausmaß schon auf diese schmale Pufferzone zu, die aus unerfindlichen Gründen wohl weder Marokko noch Mauretanien kontrollieren will. Der Bus rumpelt unterdessen, ohne weiter gecheckt zu werden, auf die Pforten einer mauretanischen Version von Fort Knox am Horizont zu.

Hinter den dicken Mauern der Bastion, sicher vor der Willkür der POLISARIO, beginnt eine zähe Einreiseprozedur. Eine unüberschaubare Zahl von Menschen, selten in Uniform, meist traditionell mit langen Baumwollhemden und dem *Schesch* oder *Tagelmust,* den Turban ähnlichen Kopfbedeckungen der Tuareg, gekleidet, hat scheinbar in irgendeiner Form mit den mauretanischen Einreiseformalitäten zu tun. Verhüllte Trucker laufen mit

Frachtpapieren hin und her. Ladung wird begutachtet. Mein Pass verschwindet mit einer dubiosen, schlecht rasierten Gestalt im Durcheinander der einfachen Zementbauten. Nun heißt es zähes Warten und Geduld bewahren in der prallen Sonne. Buddhistische Bedürfnislosigkeit hilft gegen Eile und Langeweile. Es dauert, solange es dauert. Reise ich nicht genau aus diesem Grund? Um solche Orte, „strange places", kennenzulernen?

Als ob sie wüssten, hinter welcher politischen Grenzlinie der Sahel genau beginnt, sind sofort die dicken, lästigen Fliegen da, die fast jeder aus den Fernsehreportagen über die Hungersnöte in der Region kennt. Fliegen verscheuchen, Schatten suchen, warten. Endlich hat ein pfiffiger Grenzbeamter seinen PC-Tower wieder zusammengeschraubt und in einer kahlen Zementhöhle, die Fred Feuerstein Ehre machen würde, läuft das volle Programm zur biometrischen Erfassung der Grenzgänger an. Ein verschwommenes Foto wird fürs Visum geschossen. Fingerabdrücke und Pass-Scan werden auf arg verstaubten Computern gespeichert, Ende der 1990er-Jahre bestimmt einmal Hightech. Gab es da irgendwo noch Mittel im Kampf gegen den Terror, die dieses Secondhand-Equipment in spartanische Räume mitten in der Sahara gebracht haben? Danach wieder warten. Es folgen ein paar dumme Fragen, von Männern mit Sonnenbrillen in westlichen Sommeranzügen, die sich nicht vorstellen. Wen ich in Mauretanien denn so kenne, wo ich wohnen will? Wie steht's um Alkohol und Drogen? Ob ich vielleicht eine Drohne mit mir führe? Ich frage mich, zu welchem Verein

FREUNDLICHER REISEGEFÄHRTE MIT LANDES-ÜBLICHER KOPF-BEDECKUNG
NOUAKCHOTT/MAURETANIEN

diese billigen Kopien von Undercover-Drogenfahndern wohl gehören. Grenzbeamte, Geheimdienst oder einfach neugierige Mitreisende? Wieder warten, an eine niedrige Zementmauer gelehnt, den Hintern im warmen Sand, mache ich ein Nickerchen. Dann wird es schlagartig hektisch. Aus dem Nichts materialisieren sich mit frischen Visa versehene, fertig gestempelte Pässe und werden an die drängelnde Traube der Wartenden verteilt. Ein kurzer Check, ob mir der Typ auf dem Foto im Visum ähnlichsieht, und nach nur drei Stunden ist die Staatsgrenze überschritten. Es kann weitergehen, hinein in den großen mauretanischen Sandkasten.

Schon auf den ersten Kilometern zeigt Mauretanien, dass die Sahara hier zu Hause ist. Die Steinwüste ist inzwischen wesentlich sandigerem Terrain gewichen, das allerdings nicht mehr so gleißend blendet, sondern warme Rottöne annimmt. Irgendwie schlägt sich auch karges Buschwerk, ab und an sogar ein kleiner Baum, durch. Die Wüste bekommt Konturen, ist aber weiterhin ohne Zeichen menschlicher Besiedelung. Meine acht Mitreisenden im Bus bleiben verschlossen. Kein Tourist im herkömmlichen Sinne ist unter ihnen. Zwei Araber französischer Herkunft flüstern nur leise untereinander und beten bei jeder Gelegenheit. Sofort sind meine Gedanken beim islamischen *Dschihad* und Terrorcamps in der Wüste. Die Saat der Radikalisierung der letzten Dekade geht auch in meinen Reflexen auf. *Sorry,* wahrscheinlich wollt ihr einfach nur eure Familien besuchen. Ein wortkarger Spanier mit amerikanischem Pass will sich irgendwo unterwegs in die Büsche, sprich in die Wüste, schlagen. Die Mauretanier im Bus bleiben unter sich. Alle sprechen nur auf meine Fragen hin mit mir, sind zwar sehr höflich, aber auch distanziert. Alle, bis auf Ali, ein junger Geschäftsmann aus Casablanca, dem wohl auch langweilig ist und der gerne von seinen Erfolgen erzählt.

Mehr als 400 Kilometer später ist gegen 23 Uhr Nouakchott, die Hauptstadt, erreicht. An einer breiten, nicht nur schlecht, sondern gar nicht beleuchteten Straße hält unser Bus – Endstation. Eine Straße, die nicht ansatzweise nach Hauptstadt aussieht. Nur über dem heruntergelassenen Rolltor einer schmuddeligen Garage brennt eine kahle Zwanzig-Watt-Birne. Was ist das hier? Wo bin ich? Vorort, Gewerbegebiet, Stadtzentrum? Das GPS legt mir nahe, im Stadtzentrum zu sein, wäre ein solches auf der Karte klar auszumachen. Meine reservierte Unterkunft kennt kein Mensch. Laut eigener Beschreibung im Internet ist sie im Gewirr namenloser, nicht asphaltierter Straßen nur schwer zu finden. Telefonisch ist niemand zu erreichen. Die Traube der Taxifahrer hat sich inzwischen gelichtet – die meisten sind mit den letzten Fahrgästen in den Feierabend verschwunden. Die beiden verbliebenen Fahrer wollen jetzt auch endlich los und versuchen ziemlich rabiat, mich in eines ihrer maroden Gefährte zu zerren, egal wohin. Ali, mein Sitznachbar im Bus, hilft mit einer Telefonnummer aus und vermittelt mich an das Hotel Ikrame, das er angeblich gut kennt. Ich zögere, ob ich mit einem dieser rauen Gesellen im klapprigen Gefährt allein zu einer Fahrt ins Unbekannte aufbrechen soll. Erschwerend hinzu kommen die Preis-Verhandlungen: Die Entfernung zum Hotel ist nur schwer bestimmbar und nachts sind die Fahrten in Nouakchott angeblich um ein Vielfaches teurer. Zu allem Überfluss werden nach der Währungsreform des mauretanischen *Ouguiya*, bei der eigentlich eine Null gestrichen wurde, alle Preise immer noch in der alten, zehnmal höheren Summe genannt. Bei einem Preis von 200 *Ouguiya* werden also 2.000 gefordert. Werden die 2.000 nur aus Gewohnheit genannt oder sind sie vielleicht auch gemeint? Alle Verhandlungen finden selbstverständlich zwischen einem ehemaligen Französisch-Fünferkandidaten und einem nicht akzentfreien Muttersprachler statt. Schließlich wedeln wir im Dunklen fleißig mit Geldscheinen. Gefordert ist letztendlich eine frische Banknote über 200 neue *Ouguiya*. Als die Verhandlung weiterer Details unseres Transportvertrages dann doch zu konfus wird, regelt Ali alles Weitere. Kurzerhand begleitet er mich und nutzt die Gelegenheit zu einem kleinen Wiedersehen mit dem Hotelmanager. Hat für mich den Vorteil, dass ich einen anständigen Preis bekomme und der Manager mir jetzt, durch seine Bekanntschaft zu Ali, persönlich verpflichtet ist. Schon nach wenigen gewechselten Worten gelobt er bei der Ehre seines Geschlechts, in ganz Mauretanien einen Schutzschirm über mir auszubreiten – getreu des Landesmottos „Honneur, Fraternité, Justice". So jedenfalls verstehe ich das große Tamtam und die ausladenden Gesten.

Derart behütet und gesegnet im Hotel Ikrame angekommen, spüle ich den Staub der Landstraße mit einer eiskalten Cola und den Resten meines aus Spanien geschmuggelten Whiskys herunter. Ob der illegale Alkoholschmuggel zum Eigenbedarf eine gute Idee war, darüber gehen später die Meinungen auseinander. Mauretanien ist zu 100 Prozent alkoholfrei. Mein Gepäck wurde bei der Einreise nicht kontrolliert, um die Busse herum waren allerdings *sniffer dogs* auf Drogensuche. Die einen sagen, Alkohol wird in kleinen Mengen geduldet, ein alter Afrika-Hase erzählt mir später, dass er erwischt wurde und drei Tage auf ein *Scharia*-Gericht warten musste. Dabei geht es nicht unbedingt um das Abschlagen von Händen oder Köpfen. Dem *Scharia*-Gericht hätte er zunächst erklären müssen, dass es sich bei der beschlagnahmten Palette Red Bull nicht um Alkohol handelte, was die geforderte Strafzahlung von 1300 Euro schon beträchtlich reduzierte. Anschließend waren nur noch dreizehn Büchsen Bier Gegenstand der Verhandlung. Nach zähem Feilschen einigte sich das hohe Gericht mit dem Delinquenten schließlich auf 10 Euro pro Büchse.

„Bismillah, cent et trente euros.“ So soll es sein: „Im Namen Allahs, 130 Euro.“

„Kein Einspruch, Euer Ehren.“

Geschichten dieser Art scheinen sich in letzter Zeit zu häufen. Also, wohl bekomm’s in Mauretanien!

Noch 1950 waren 75 Prozent aller Mauretanier Nomaden. Nouakchott bestand aus ein paar Hütten in Strandnähe. Im Jahr 1957 fassten die Kolonialherren den Gedanken, das strategisch günstig gelegene 500-Seelen-Dorf ein wenig auszubauen. Die französischen Planer dachten an etwa 15.000 Einwohner, doch nach der Unabhängigkeit 1960 wuchs die neue Hauptstadt Mauretaniens unkontrolliert. Grund für den Zuwachs waren unter anderem die vielen Dürren, bei denen fruchtbares Land von der Wüste geschluckt wurde. Ehemalige Nomaden und Kleinbauern suchten ihre Zukunft in der Stadt. Inzwischen leben hier über eine Million Einwohner. Zum Glück ist viel Platz in der Wüste und so wurstelt sich Nouakchott mit immer neuen ungeplanten Siedlungen in der Peripherie durch. Bei der Infrastruktur passiert nicht viel, ein paar schattenlose Magistralen sind geteert, doch schon in den Seitenstraßen des Stadtzentrums löst Sand den Asphalt ab. In meinem Hotel tröpfelt zwar meist Wasser aus der Leitung, aber die Eselskarren mit Wassertank sind allgegenwärtig im Stadtbild.

Nur wenige Straßen in Nouakchott haben einen Namen. Einprägsame Orientierungspunkte kann ich nicht

Drei Mal Mobilität in der mauretanischen Hauptstadt Nouakchott

entdecken. Um da Abhilfe zu schaffen, haben Saudi-Arabien und Marokko je eine Moschee gestiftet. Leider reichten wohl die Mittel nicht, um weithin sichtbare Minarette zu bauen. Die Stadt ist ein wucherndes, sandiges Einerlei. „Petit-Taxis", Sammeltaxen, die feste Routen fahren, sind nicht gekennzeichnet. Das bedeutet: Theoretisch kann alles ein Taxi sein. Praktisch: Ich versuche unterschiedslos alles zu stoppen, was vorbeischeppert. Vorausgesetzt, es ist kein Lastwagen oder Eselskarren. Alle Fahrzeuge sind in einem technisch prekären Zustand – das heißt schrottreif. Angenehm ist jedoch, dass keiner der Besitzer auf die Idee kommt, Höchstleistungen aus den maroden Kisten herauszuholen und fährt wie ein Henker. Den Oldtimer bloß nicht überfordern! Alle Verkehrsteilnehmer tuckern gemächlich mit zwanzig bis dreißig Sachen dahin, die verschlissene Mechanik schonend. Mich erinnert der vorsichtige Straßenverkehr an einen großen Verkehrsübungs-

Nicht immer das neueste Baujahr

platz, die Geschwindigkeit an Senioren auf Seniorenmobilen. Das Klischee des temperamentvollen Wüstensohns findet man hinter dem Lenkrad zunächst nicht. Einmal Platz genommen, fahren die Taxen nicht etwa zu einem „Platz der Republik“ oder dem Markt XY, also Zielen, die auf irgendeiner Karte zu finden wären. Nein, stattdessen fahren wir Richtung „B.M.D.“, sprich „Bemdi“. Kein Mensch weiß, wofür das Kürzel steht, obwohl dies, schenkt man Ortskundigen Glauben, der zentralste Platz der ganzen Stadt ist. Was dem schmucklosen Asphaltkarree und seiner unspektakulären Randbebauung jedoch nicht anzusehen ist. Immerhin steht jemand mit der orangefarbenen Warnweste einer Traunsteiner Sicherheits-Firma auf der Kreuzung und versucht, den Verkehr zu regeln.

Am „Bemdi“ wechsele ich in ein Taxi Richtung „Boutique Couscous“. Damit, erfahre ich, ist der ortsansässige Carrefour-Supermarkt gemeint. Noch bevor die „Boutique Couscous“ in Sicht kommt, werde ich zu meiner Überraschung im Einerlei der grauen Zementhäuser aus dem Wagen geworfen. Dank funktionierendem GPS erreiche ich auf einer sandigen, namenlosen Straße mein eigentliches Ziel, das Maison d’hôtes de Jeloua. In dieser charmanten grünen Oase bestehend aus Garten, Restaurant und kleinem Hotel wollte ich ursprünglich logieren, hätte ich es bei der Ankunft finden können. Hier treffe ich auf der Suche nach Informationen „Ali le magnifique“, einen Flüchtling aus Mali. Großgewachsen und den Kopf mit leuchtend blauer *Schesch* verhüllt, fordert er mich strahlend zum Besuch seines kleinen Ateliers auf, das er mit seinen Brüdern nebenan betreibt. Ich lehne dankend ab und erzähle ihm, dass ich Auskünfte über das Reisen im Land brauche. Natürlich bin ich auch damit bei Ali genau an der richtigen Stelle. Gerne würde er mir eine Tour ins Adrar-Gebirge angedeihen lassen, weit ab vom Schuss. Wir vertagen uns zunächst. Die Infos, wegen denen ich eigentlich gekommen bin, gibt es im Jeloua jedoch nicht. „Sorry, no travellers here, only businessmen and NGOs", klärt mich die Chefin auf.

Nouakchott hat kein Wetter und keine Zeit. Vielleicht weil es sowieso immer um die 35 staubtrocken heiße Grad sind, gibt sich offensichtlich keine Wetterstation die Mühe, Daten an mein Mobiltelefon zu senden. Bei der Uhrzeit schwanken die Angaben. Die Restaurantküche des Jeloua öffnet nicht, weil es angeblich erst sechs ist, Zou ein paar Meter weiter an der Rezeption besteht aber gleichzeitig darauf, dass es schon sieben ist. Die Uhrzeit ist in Nouakchott nur ein grober Anhaltspunkt. Und ist Zeit wirklich so wichtig? Die Küche ist auf, wenn die Küche eben auf ist. Es gilt der alte Spruch: „Die Europäer haben Uhren, die Afrikaner haben Zeit."

„La Porte de l'Afrique noir": Tor von „Schwarz-Afrika" ist eines der Label, das Mauretanien aufgedrückt wurde. Wobei sich die Marketingstrategen der Tourismusindustrie scheinbar noch nicht ganz einig sind, ob sich dieses Tor in Marokko, Mauretanien oder dem Senegal befindet. Doch tatsächlich treffen in Mauretanien seit Jahrhunderten arabische, berberische und subsaharische Ethnien aufeinander, die hier gemeinsam leben. Etwa 70 % der Mauretanier werden als arabisch-berberische Mauren definiert, wobei die hellhäutigere Hälfte als *Bidhan* – weiße Mauren – bezeichnet wird und meist zur Oberschicht einer hierarchischen und teilweise rassistischen Gesellschaft gehört. Die *Bidhan* teilen sich wiederum in *Hassani* (Krieger) und *Marabout* (Islamgelehrte) auf. Die andere, meist etwas dunkelhäutigere Hälfte der arabisch-berberischen Mauren, stellen die *Haratin* – wie in Marokko Nachfahren ehemaliger Sklaven. Ehemalig? Mauretanien hat die Sklaverei gleich viermal offiziell abgeschafft. Zuletzt 2007, aber scheinbar ist sie nicht totzukriegen. Die mauretanische Organisation „SOS Esclaves" behauptet, dass es immer noch 600.000 Sklaven im Land gibt! Die verbleibenden 30 % der mauretanischen Bevölkerung werden *Soudans* genannt, Angehörige unterschiedlicher subsaharischer Völker wie den Fulbe und Tukolor oder den Sarakolé, Wolof und Bambara. Schon um das zu verstehen, müsste ich eigentlich ein Schaubild einfügen. Aus Sicht eines Ethnologen ist das jedoch nur die grobe Einstiegsversion und eigentlich ist alles noch viel komplizierter. Nur der Islam mit seinem Versprechen von Gleichheit bildet ein loses Bindeglied zwischen einzelnen Volksgruppen, die zum Zusammenleben in Staaten gezwungen sind, deren Grenzen Kolonialmächte mit dem Lineal gezogen haben.

„Port de pêche – Marché des poissons", es dauert ein wenig, bis jemand begreift, wo ich hinwill. Ein schrottreifes Schlachtschiff bringt mich dann tatsächlich zum Fischmarkt. Wenn Donald Trump von seinen „Shitholes“ sprach, dann muss er den Fischmarkt in Nouakchott gemeint haben. Schon beim Aussteigen aus dem Taxi, noch 200 Meter vom Markt entfernt, schlägt mir ein bestialischer Gestank entgegen, der mir den Atem stocken lässt. Erstmal eine rauchen. Tausende von Menschen schuften hier, rennen durch die Brandung zu einlaufenden Booten, zerren gewaltige Pirogen auf den Strand, schleppen bis zu 30 Kilo schwere Kisten mit Fisch auf den Schultern, ziehen vereint an riesigen Netzen. Andere feilschen erbittert um den letzten Cent, verzehren ein paar Happen im Schatten der Boote oder dösen erschöpft vor sich hin. Dazwischen, wohin ich auch schaue, Fisch. In ausgebleichten Plastikkisten, fleckigen Mayonnaise-Eimern, im schmutzigen Sand oder auf bröckelnden Zementtischen. Von winzigen Silberlingen bis zum mehr als zwei Meter langen und über 100 Kilogramm schweren Adlerfisch – neben dessen mas-

Schweißtreibende Entladung der Fischerboote

sigem Körper mit seinen rötlich schimmernden Flossen der Verkäufer schon fast zerbrechlich wirkt. Wie viele mag es von diesen Giganten noch geben? Am Boden überall Schleim. Erfolglos versuche ich der undefinierbaren, mit Sand und Fischabfällen vermischten Brühe auszuweichen. Die salzhaltige Luft hinterlässt zusammen mit meinem Schweiß einen klebrigen Film auf der Haut. Hitze, Gestank und Fliegen plagen Fischer und Marktbesucher. Und dennoch fasziniert der Fischmarkt in Nouakchott, ist bunter, schillernder als die Märkte noch ein paar hundert Kilometer weiter nordwärts. Dafür sorgen die subsaharischen Frauen mit ihren fantasievollen, grell gemusterten Kleidern, die sich wie Lavalampen vom sandfarbenen Einerlei der Wüste und dem Zementgrau der Bauwerke abheben. Für Westafrikanerinnen gibt es keine Farbkombination, die nicht geht, keine Muster, die nicht zusammenpassen und kombiniert werden können.

In der folgenden Nacht schießt auf der anderen Seite des Erdballs ein verrückter Australier in Neuseeland auf betende Muslime. 51 sterben, 50 weitere werden schwer verletzt. Ein wenig mulmig ist mir jetzt schon, da die *Imame* beim Freitagsgebet gewöhnlich aktuelle Themen aufgreifen. Demonstrationen, die auch gewalttätig werden können, finden oftmals spontan im Anschluss an das Freitagsgebet statt. Was wird heute in Nouakchott passieren? Im Hotel Schulterzucken. Versteht mich keiner oder weiß niemand, ob eine solche Großwetterlage hier gefährlich werden kann? Ich wabere im Informations-Nirwana. Ohne das Feedback Ortskundiger bin ich in

Das Flicken der Fischernetze ist Handarbeit

Vom Boot auf den Markt:
Ein Teil des Fangs ist bereit für die Auktion

Fette Burschen:
Adlerfische auf dem Weg zum Konsumenten

meiner etwas abgelegenen Absteige allein auf die eigene Beobachtungsgabe und meine Erfahrungen angewiesen. Nur zögerlich taste ich mich heute aus dem Hotel. Doch alles bleibt ruhig. Die Menschen verlassen besonnen die Moscheen und das Leben scheint weiter seinen normalen Gang zu gehen. Zumindest die Entscheidung, das Hochland des Adrar-Plateaus im Landesinneren nicht zu besuchen, fällt mir aufgrund der erhöhten Gefährdungslage etwas leichter. Einheimische sagen zwar „kein Problem", trotzdem blase ich den mehrtägigen Abstecher ab. Zudem ist mein Ziel, das südlich der Sahara gelegene Westafrika auf dem Landweg zu erreichen und da bin ich längst noch nicht!

Viele Dinge in Mauretanien bleiben nebulös für mich. Um meinen Erkenntnisgewinn zu begrenzen, mich weiterhin möglichst unwissend zu halten und meine neugierigen, dummen Fragen zu bremsen, hat sich die Mehrheit

Fliegender Sandalenhändler

der Bevölkerung als Umgangssprache für Hassania entschieden. Weitere, weniger verbreitete Nationalsprachen sind Pulaar und Wolof. Alleinige Amtssprache ist aber Arabisch. Bei dieser Auswahl sieht es mit meiner Fähigkeit zur Kommunikation recht düster aus. Gott sei Dank hat sich noch ein wenig Französisch als Handels- und Bildungssprache erhalten. Meine letzten schulischen Versuche in der „schönen Sprache" stellte mein früherer Lehrer allerdings mit dem Kommentar „Ist das Polnisch?" zur Disposition. Damals konnte ich das Problem noch durch die Abwahl des Französisch-Kurses lösen. In Mauretanien muss ich jedoch furchtlos Tag für Tag in der Sprache der Liebe radebrechen, da Hassania keine echte Alternative ist. Und das mit Menschen, die Französisch meist nur in einer Pidgin-Version gelernt haben. Und sie womöglich gar mit einem starken Wolof-Akzent sprechen! *Bienvenue en Afrique!*

Sind die bunten Stoffe noch aus dem Süden oder aber aus China?

Frühmorgens verlasse ich Nouakchott, vorbei an den ärmlichen Viehmärkten am Stadtrand. Die Straße ist brandneu und mein Fahrer Zouzou treibt den verhältnismäßig intakten Corolla auf 150. Trotz traditioneller Kleidung mit weißer *Schesch* wirkt er auf merkwürdige Weise wie ein Gymnasiallehrer – von seinem Fahrstil mal abgesehen. Zu siebt – drei vorne und vier hinten – sind wir in das fünfsitzige Geschoss gepresst. Überholt wird unkonventionell, in den wenigen Kurven sind die Fliehkräfte deutlich spürbar. „Relax", rät mir ein Student aus Dakar, der wohl die Schweißperlen auf meiner Stirn gesehen hat und halb auf meinem Schoss sitzt. Zu meiner Erleichterung bremsen uns die ständigen Polizeiposten und die schnell schlechter werdende Straße immer wieder aus. Die Schlaglöcher häufen sich, die Piste versandet zunehmend, bis es schließlich kilometerweit nur noch auf Sand vorwärts geht. Ein letzter Blick auf das ländliche Mauretanien. Imposante Dünen, sandige Hügel in Schattierungen von hellgelb bis rot, dazwischen, wie Bauklötze, die Kuben winziger Dörfer, alle kunterbunt bemalt. Meist bestimmt ein farbiges Minarett die Szenerie. Aber vereinzelt wachsen schon erste Palmen. In begrenztem Umfang scheint hier Viehwirtschaft möglich. Doch als wollte sie Mühe und Arbeit der einfachen Menschen verhöhnen, sendet die Sahara ihren alles erstickenden Sand. Viel fruchtbares Land ging in dieser Region verloren und trieb die Menschen in die Hauptstadt.

Auf den letzten Kilometern zum Unterlauf des Senegal-Flusses im Südwesten Mauretaniens wird der ewige

Sand zunächst durch dorniges Buschwerk, dann durch dürre Bäume, die später sogar grüne Blätter tragen, ersetzt. Nach zehn Tagen Wüste fühlt es sich falsch an, plötzlich den Horizont nicht mehr zu sehen, der jetzt von anmaßend erscheinender Vegetation verdeckt wird. Der Senegal-Fluss markiert den Übergang vom Sahel zur Trockensavanne und bildet die Grenze zwischen Mauretanien und dem Senegal. Vor die Einreise in den Senegal hat der liebe Gott jedoch die mauretanische Grenzkontrolle in Rosso gesetzt. Auf deren Grenzmafia treffe ich völlig unvorbereitet und die Herren zeigen mir eindrucksvoll, warum Mauretanien im UN-Korruptionsindex seit Jahren in der *Champions League* spielt. Ahmed, der Student aus Dakar, warnt mich schon auf den letzten Kilometern zur Grenze: „People in Rosso are bad, don't talk to anybody – c'est dangereux!" Mit niemandem reden? Leichter gesagt als getan. Ich kann mich dem offiziellen Grenzposten erst gar nicht nähern, da sich ein bulliger Offizier mit hohem Coolness-Faktor schon auf dem Weg zum Übergang vor mir aufbaut. Pass aushändigen, Pass gegen Gebühr kopieren, nein, besser zweimal kopieren. Eine Menschentraube redet auf mich ein, Körperkontakt inklusive. Pass, Geld, Telefon und Gepäck festhalten, gleichzeitig eine sinnvolle Konversation auf Französisch führen. Eine Devisendeklaration ist unverzichtbar. Die würde ich sogar umsonst erhalten, wenn ich nur die Kleinigkeit von 200 (!) Euro in mauretanische *Ouguiya* tausche. Ich will Mauretanien aber gerade verlassen. Folglich brauche ich die mauretanische Schmalspurwährung nicht mehr, zumal die Ausfuhr strikt verboten ist. Ich könnte die *Ouguiya* jedoch gerne in frische, knusprige senegalesische CFA tauschen. Allerdings weiß nur *Allah,* zu welchem Kurs! Nun ja, mit einem kräftigen Abschlag müsste ich schon rechnen, wenn mir an der Grenze so unbürokratisch geholfen werde. Die Alternative zu dieser Devisenarie mit eingebautem Diebstahl wäre ein Ausreisestempel gegen *Cash.* Wieviel *Cash?* Nun, das müsste ausgehandelt werden.

So spielen wir eine Stunde lang Spielchen: Pass herausrücken, dem mit ihm verschwindenden Offizier hinterherlaufen, Verweis auf den Geldautomaten, verhandeln einer Bestechungssumme. Ich entwinde meinen Pass den klebrigen Fingern des sonnenbebrillten Hünen fast gewaltsam, drohe mit der Rückfahrt nach Nouakchott. Der Offizier kontert mit der Schließung seiner Grenze oder mit dem Antritt des Jahresurlaubs durch das komplette Grenzpersonal. So klingt es jedenfalls. Verbündete, die mich unterstützen – in Afrika taucht sonst immer ein freundliches, hilfreiches Gesicht auf – gibt es nicht. Jeder senkt in Rosso demütig den Blick und versucht möglichst unauffällig, sich der zur Mafia mutierten Staatsmacht zu entziehen. Am Ende der schweißtreibenden Verhandlungen in glühender Mittagssonne scheint eine Bestechungssumme die kostengünstigste und nervenschonendste Variante zu sein. 20 Euro gegen Stempel und endlich stehe ich am breiten Fluss.

Später erzählen mir wettergegerbte Overlander, dass als Tarif für einen Grenzübertritt mit Fahrzeug in Rosso bis zu 1.200 Euro verlangt und gezahlt werden. Die erfahreneren Afrika-Hasen aus dem Westen meiden die Grenze in Rosso wie der Teufel das Weihwasser und ich ernte Schulterklopfen und Bewunderung für meine kostengünstige Ausreise in den Senegal. „20 Euro sind ein echtes Schnäppchen, selbst ohne Fahrzeug!“ Andere Reisende wiederum weigern sich kategorisch an mauretanischen Grenzen zu zahlen, campen an der Grenze in ihren Fahrzeugen und spielen tagelang Katz und Maus mit der uniformierten Mafia. Bewundernswert, diese Prinzipientreue unter sengender Sonne.

Trotz vorhandenem Ausreisestempel und gut sichtbar pendelnder Fähren möchte mein *Sergeant* aber gerne noch ein kleines Anschlussgeschäft machen: „Die Fähren stellen den Verkehr jetzt ein“, gibt er mir zu verstehen. Ich soll für 10 Euro eine Piroge über den Fluss chartern. Doch von links flüstert mir jemand etwas auf Französisch zu. Ich ahne nur, dass sich das Wispern auf die Aussage meines Lieblings-Offiziers bezieht und übersetze es spekulativ als „Quatsch mit Soße“. Und soll damit richtig liegen!

So läuft das Spiel: Ein korrupter Offizier oder besser gesagt eine völlig außer Kontrolle geratene Grenzgarnison bessert ihr karges Gehalt, das – wenn überhaupt – nur unregelmäßig und selten gezahlt wird, mit allen Mitteln auf. Zehn Minuten später quere ich per Fähre umsonst den breiten Senegal-Strom ins gleichnamige Land. Den Einreisestempel dort erhalte ich kostenlos – ohne Visum. Zumindest einen kleinen Teilsieg über die Grenzmafia trage ich mit meiner Gratis-Überfahrt in den Senegal davon.

CHEIKH SADBOU

SAINT-LOUIS/SENEGAL

Das Boot ist voll

„Sénégal est bon!“, frohlocken einzelne Passagiere schon auf der Überfahrt. Na hoffentlich! Saint-Louis, meine erste Station, liegt auf einer Insel im Senegal-Fluss, vom Festland zu erreichen über eine 500 Meter lange Eisenbrücke, die der berühmte Gustave Eiffel konstruiert haben soll. Doch das stellt sich als hübsche Legende heraus. Von oben ähnelt die Topographie von Saint-Louis der von New York City, das historische Stadtzentrum auf einer Insel zwischen zwei Flussarmen, die restlichen Stadtteile auf dem Festland. Nur die Dimension der Stadt ist deutlich kompakter, die Gebäude bescheidener.

Dreck, Müllberge und Gestank empfangen mich auch in der ehemaligen Hauptstadt Französisch-Westafrikas mit ihren charmanten, vor sich hin bröselnden Kolonialbauten. Überall findet man die Überbleibsel der alten Pracht einer vergangenen Epoche. Dazwischen Ziegen, der Hauspelikan und Heerschaaren spielender Kinder. Mittelalterliche hygienische Zustände, die nur der für möglich hält, der sie erlebt. Elend und unbeschreibliche materielle Armut, aber kein Hunger. Was defekt ist, wird nicht repariert, sondern bis zum Totalverlust auf Verschleiß gefahren. Seien es Geschäftshäuser, die städtischen Busse oder das noch gar nicht so alte, aber bereits halb geplünderte Stadion „Maître Babacar Sèye“, alles pfeift aus dem letzten Loch. Mehr zufällig als geplant, statte ich der Arena im Stadtteil Sor einen Besuch ab. Erstaunlich, die Tore des „Maître Babacar Sèye“ stehen offen. Die schattigen Katakomben und Tribünenaufgänge dienen offenbar als Pissoir. Obwohl erst 1994 eingeweiht, hat der Kunstrasen tiefe Krater, rollen sich die Rasenbahnen wie nachlässig zusammengelegter Teppich. Alle Tribünen und Aufgänge sind mit Abfall übersät, das Blechdach der Tribüne eingestürzt, wo einst eine Laufbahn war, wächst zwischen Steinen Gestrüpp. Den Kabinen für Journalisten und Stadionsprecher fehlen die Scheiben. Offensichtlich dienen sie tagsüber als versteckte Müllhalde und nachts als Schlafplatz für die Obdachlosen der Stadt. Unvorstellbar wie schnell aus einem öffentlichen Gebäude eine Ruine werden kann. Der ASC Linguère wird hier jedenfalls sobald keine Heimsiege mehr feiern.

Die den Petit Bras überspannende, eiserne Brücke verbindet die Île de Saint-Louis, das koloniale Verwaltungsviertel, mit dem Fischerviertel Guet Nadar auf der Langue de Barbarie direkt am Atlantik. Auf der Insel treffe ich auf Magdar, einen hageren Mittvierziger mit kleinem Bärtchen, Pudelmütze, in der noch die Sonnenbrille steckt, und von oben bis unten stimmig in dunkelbrauner Kleidung gekleidet. „Beaucoup d'enfants, beaucoup de gens, beaucoup de pirogue, n'a pas beaucoup de poissons", erklärt mir der Fischer, der in Saint-Louis zu Hause ist. Viele Kinder, viele Leute, viele Boote, nicht viel Fisch. Magdar ist stolz auf seinen Beruf. Seit ewigen Zeiten nehmen die Fischer im Senegal eine besondere Stellung ein. „Der Landesname Senegal bedeutet auf Wolof so viel wie ›Mein Boot‹", erläutert er mit geschwellter Brust. Das schützt die „Pêcheurs" jedoch nicht vor ihrer eigenen Regierung, von der sie ordentlich beschissen werden, wie sich der Vater von sechs Kindern recht rustikal beschwert. Die Regierung verkauft die Fangrechte an den reichen Fischgründen des Landes regelmäßig für Abermillionen an Russen, Chinesen, Koreaner oder die EU. Bei der traditionellen Fangmethode der Senegalesen werden die Schwärme von zwei Booten – verbunden durch ein Netz – eingekreist. Während dieses Vorgehen die Fischgründe schont, sind die riesigen *Trawler* hinlänglich dafür bekannt, mit ihren engmaschigen Schleppnetzen den Ozean gründlich leer zu kratzen und bei der Gelegenheit gleich noch die Fauna am Meeresboden zu zerstören. „Corruption", schimpft Magdar wütend. Für Regierungsbeamte in den richtigen Positionen leicht verdientes Geld, für das kein Finger krumm gemacht werden muss. Für die Einheimischen bleiben nur die Krümel des lukrativen Deals. Die etwa zehn Meter langen, bunt bemalten Boote in traditioneller Bauweise haben niedrige Bordwände, über die bei unruhiger See schnell die Wellen schlagen. Für immer weniger Fische müssen die Boote nun immer weiter hinaus. Mittlerweile fahren die selbstgebauten Pirogen bis zu 40 Kilometer auf den offenen Atlantik, um genug zum Überleben zu fangen. Ein lebensgefährliches Geschäft, von dem der Friedhof in Guet Nadar zeugt, wo über viele Gräber die grünen Fischernetze gespannt sind.

Zu allem Übel nagt auch noch der Klimawandel an der Langue de Barbarie. Der Strand wird immer schmaler und Stürme haben die Häuser der Strandzeile rasiert. Die Markthalle ist teilweise eingestürzt, der Betrieb läuft weiter. Moschee und Schule sind halbiert worden, viele Wohnhäuser liegen in Trümmern, windschiefe Telegrafenmasten drohen umzufallen. Die Fischer werden somit gleich von drei Seiten in die Zange genommen: Die entwickelte Welt frisst ihre Lebensgrundlage auf, die eigenen Politiker stecken hemmungslos das den Fischern zustehende Geld in die eigene Tasche und der Klimawandel, für den hauptsächlich die Industriestaaten verantwortlich sind, holt sich ihr Land. Der französische Präsident Emmanuel Macron hat sich das Desaster schon angesehen und will eine Milliarde Euro Hilfsgelder überweisen. Damit soll eine Schutzmauer vor Guet Nadar errichtet werden. Magdar bleibt skeptisch. Geld, mit dem man Ruhe erkauft. Geld, das wahrscheinlich irgendwo versandet, einige Bonzen noch reicher macht, von dem nur ein geringer Teil dafür verwandt wird, um die Bewohner von Guet Nadar wirklich vor dem Meer zu schützen.

An und für sich bin ich nicht zimperlich. Aber nachdem ich in Saint-Louis permanent die allgegenwärtigen,

Haustierhaltung („Stadtfarm"?) im Fischerviertel Guet Nadar

FERAYE
FERAYE
2019

VIELE BOOTE, WENIG FISCH. „PARKPLATZKNAPPHEIT“ IM FLUSSHAFEN

SAINT-LOUIS/SENEGAL

stinkenden Abfallreste und irrsinnigen Plastikmüllberge im Slalom umkurve und versuche, dem Dreck und den unfassbaren hygienischen Zuständen auszuweichen, überfällt mich erstmalig das, was ich später den „Afrika-Blues" nenne. Ein deprimierender Zustand der Hoffnungslosigkeit verknüpft mit einer Art unbestimmter Weltuntergangsstimmung. Saint-Louis erscheint mir wie die Vorschau auf eine Welt nach Armageddon. Eine Vision der Zukunft, die Nostradamus entworfen hat, in der Fortschritt nicht zu einer besseren Welt, sondern zu Zerstörung und Elend geführt hat.

Es ist erschreckend zu sehen, wie wenig selbst auf der Ebene der menschlichen Grundbedürfnisse in den sechzig postkolonialen Jahren erreicht wurde. Manchmal packt mich einfach nur die blanke Wut. Warum räumt hier niemand auf? Wenn ich den Fatalismus, die Lethargie und Antriebslosigkeit vieler Menschen beobachte, reagieren meine europäisch geprägten Sinne zunächst fassungslos. Der Müll und der Umgang mit der Umwelt machen mich krank. Paul Theroux stellt zu diesem Thema sarkastisch fest: „Wir haben Afrika gerade so viel von dem Wegwerf-Ramsch der modernen Welt zukommen lassen, dass aus seinen Städten müllplatzartige Kopien des Westens wurden ..." Wie wahr. Irgendjemand muss doch aber wissen, dass zumindest Krankheiten weniger werden, wenn der gröbste Dreck verschwindet. Die gefährliche Faulheit und Nachlässigkeit der Menschen, die ihren Schrott einfach auf die Straße werfen, wo sich der nächste barfuß laufende Fußgänger verletzt; die unvorstellbare Verschmutzung am

Petit Bras, wo das Ufer vor lauter Plastik und Abfall nicht mehr zu erkennen ist, machen mich aggressiv. Irgendwer muss doch Eigeninitiative entwickeln und anfangen. Erst dann verteidigt meine Ratio die Menschen gegen meine impulsiven Emotionen. Wie wäre das bei uns, wenn der Staat keine Müllabfuhr organisiert? Was würden wir mit dem stetig anwachsenden Berg von Plastikverpackungen und Getränkeflaschen machen? Schließlich ist Deutschland Europameister bei der Produktion von Müll. Wird hier nur sichtbar, was daheim im Verborgenen stattfindet?

Und dann darf ich zurück in mein sauberes Hotel mit weißen Bettlaken, Leitungswasser und heißer Dusche und mir womöglich ein gut gekühltes Bier genehmigen. Das „Hotel de Poste", wo vor hundert Jahren schon die Postflieger abgestiegen sind, wird das schönste Hotel auf meiner Reise sein. Durch seine Pforten zu gehen, ist ein Wechsel von einer Welt in eine andere. Wenn ich tagsüber unterwegs bin, fällt es mir oft schwer, zu glauben, dass diese privilegierte Insel am anderen Ende der Stadt in diesem Meer der Armut tatsächlich existiert. Spät nachts falle ich in das duftende weiche Bett und grübele, welche Wege es aus dieser Armut gibt. Bildung, Bildung, Bildung? Erscheint der Erwerb von Wissen zu mühselig oder sind in Saint-Louis die Chancen auf ein besseres Leben selbst mit Bildungsabschluss zu gering? Wie aber überhaupt an Bildung denken, wenn die Fischer nicht wissen, wie sie heute über den Tag kommen, wie sie die Schulgebühren bezahlen sollen? Und selbst jede Kinderhand für das Familieneinkommen gebraucht wird? Kann Bildung beim herrschenden Mangel an qualifizierten Jobs für die Kinder der „Pêcheurs" überhaupt einen Wert haben? Für die Fischer in Guet Nadar zählt aus nachvollziehbaren Gründen nur das Heute.

Der Islam tritt in Saint-Louis eher am Rande in Erscheinung. Nach der „Die einen so, die anderen so"-Variante Marokkos und der alkoholisch knochentrockenen Hardcore-Version Mauretaniens scheint sich der Senegal für einen „Islam ultra-light" als eher unverbindlichen Vorschlag für ein Lebensmodell entschieden zu haben. *Scharia,* Gesichtsschleier, Tanz- oder Alkoholverbot sind die Sache der Senegalesen nicht. Das Ding mit einfachen Regeln und der Gleichberechtigung der Menschen ist im Islam ganz nett, ok. Aber Musik, eine Prise Fetisch, Animismus und Geisterglaube würzen das Leben! Im Senegal dominieren die althergebrachten afrikanischen Sozialstrukturen. Das Leben dreht sich um die Großfamilie mit vielen Kindern als Lebensversicherung. Der *Muezzin* hat öfter Pause und plärrt auf kleinerer Flamme.

Doch das ist nur zum Teil richtig. Lange war der Islam nur die Religion der Oberschicht. Der Kampf gegen die Kolonialherren trieb viele Senegalesen in die Arme muslimischer Sufi-Bruderschaften, die als Einzige der Kolonialmacht wirklich Widerstand leisteten. Über die Krücke Mystizismus wurden animistische Elemente und traditionelle Kulte Westafrikas in den Islam integriert. Ein halbes Dutzend Bruderschaften gibt es im Senegal. Schon in meiner nächsten Unterkunft hält mich der eintönige Singsang einer Männergesangsgruppe stundenlang wach – abgelöst

SPIELENDE KINDER VOR EINER HOMMAGE AN DEN ERSTEN AFRIKANISCHEN BOXWELTMEISTER „BATTLING SIKI“
SAINT-LOUIS/SENEGAL

von ausdauerndem Getrommel. Allerdings sind die Bruderschaften weit weniger dogmatisch als ihre arabischen Brüder. Die wohl interessanteste dieser Bruderschaften sind die Mouriden. Mit einer schon calvinistischen Arbeitsethik – „Sei wie das Eselchen und friss nicht von Deiner Last“ – besitzen sie großen politischen und wirtschaftlichen Einfluss. Sich dem Meister völlig zu unterwerfen – „Sei wie eine Leiche in den Händen des Leichenwäschers“ – lehrte der Begründer der Bruderschaft, Amadou Bamba Mbacke (1853–1927). Die Verbannung durch die Franzosen machte ihn zu einem Heiligen. Bei seiner Rückkehr aus der Verbannung wurde er empfangen wie der *Mahdi,* der Messias. Für seine Anhänger steht er noch eine Stufe über dem Propheten.

In Touba haben die Mouriden ihre Version von Mekka errichtet. Touba ist de facto ein Staat im Staat und exterritorial. Züchtige Kleidung, wir sprechen nicht von einem Schleier, kein Rauchen und kein Alkohol sind obligatorisch. Im Gegensatz zu anderen islamischen Städten oder gar Mekka sind hier Nicht-Muslime ausdrücklich willkommen. Kein senegalesischer Präsident erlaubt es sich, hier Steuern zu erheben. Statt einer Polizei gibt es Sittenwächter. Zum jährlichen „Magal“, dem großen Zusammentreffen der Gläubigen, pilgern Hunderttausende in die provisorisch errichteten Zeltstädte. Andere sprechen gar von bis zu vier Millionen Pilgern. Das ganze Land ist lahmgelegt, der Verkehr bricht zusammen. Vom fleißigen Touba aus werden diverse Wirtschaftszweige kontrolliert, vom Erdnusshandel bis zum Transportwesen. Unzählige

Taxis und Busse fahren unter dem Konterfei von Sheikh Amadou Bamba. Jeder neue senegalesische Präsident sichert sich als erste Amtshandlung die Gunst der Mouriden, da seine Halbwertzeit sonst sehr begrenzt wäre. Aus Touba heraus wird auch ein Heer von bettelnden Straßenkindern dirigiert. Die Kehrseite der bedenklichen „Leichenwäscher-Philosophie“: Die Kinder werden von der Schule ferngehalten und zum Betteln geschickt. Sind die Einnahmen gering, gibt es Prügel, erzählt mir meine Vermieterin in Dakar, die der „Sufi-Unfug“ abstößt. Nicht nur deshalb halten viele gebildete Senegalesen Abstand. Wirtschaftlicher Erfolg auf dem Fundament versklavter Kinder und ein Gottesstaat, selbst in einer *light*-Version, helfen nicht beim Aufbau eines modernen Staates.

Obwohl die Bilder von Toubas Sheikhs und Marabouts im Senegal an Geschäftsfronten, Bussen und Taxen omnipräsent sind, spare ich mir die mehr als 200 Kilometer in dieses islamische Utopia im Busch.

Es gibt keine Hotels, keine Raucherzonen und die große Moschee soll eine von Koreanern errichtete architektonische Grausamkeit sein. Vielleicht zum nächsten „Magal“. Dann gibt es wirklich etwas zu sehen und zu erleben! Und wenn es nur eine Zeltstadt ist, die jedes europäische Open-Air-Festival um ein Vielfaches in den Schatten stellt!

DAKAR/SENEGAL

Too many beats per minute in Dakar!

WESTERN UNION
Wari
tigo cash

Geschafft! Das erste Teilziel habe ich nach gut 3.900 Kilometern erreicht. „Naga def, Dakar!“, wie man auf Wolof grüßt. Ich residiere zentral im „Chez Vieira“ in der Avenue Georges Pompidou. Meine bescheidene Unterkunft in einem Hinterhaus erreiche ich durch eine lichtlose Ladenpassage über versteckte dunkle Stiegen. Als Orientierungspunkt in der schlecht beleuchteten Gegend dient mir das „Ali Baba“ direkt nebenan. Das „Ali Baba“ ist wohl die Fast-Food-Institution in Dakar und besitzt eine grüne, partiell funktionierende Neonreklame, die mir nachts heimleuchtet. Vor dem „Ali Baba“ treffen sich die dazugehörigen „sieben Räuber“, manchmal auch deutlich mehr, im Drei-Schichten-Betrieb. Schlepper, Schwätzer und kleine Gauner warten hier allabendlich auf meine Heimkehr. Aggressive Straßenverkäufer, die den Körperkontakt nicht scheuen, Geldwechsler, „Freunde“, Stadtführer oder andere ungebetene Helfer rücken mir auf die Pelle. Gegen eine kleine Gebühr beantworten sie gerne meine Fragen und lösen auch gleich all die Probleme, die ich noch gar nicht habe. Dabei reden sie ununterbrochen auf mich ein und zupfen an meinen Rockschößen, während ich versuche, die wuselige Menge im Auge zu behalten und unauffällig mein Portemonnaie festzuhalten. Auch der fleißig übende Sprachschüler ist immer dabei und verwirrt mich mit inhaltslosen Ansprachen, denen ich zunächst aus Höflichkeit meine Aufmerksamkeit schenke. Merkwürdige Aussagen, die in Statements wie „Ich bin dein Onkel“ gipfeln. Dauer-Geplapper als Weg, einen irgendwie geschäftlich nutzbaren Kontakt aufzubauen, so mein Verdacht. Mittendrin in dieser Menschentraube, umtost vom babylonischen Stimmengewirr: Ich. Ganz allein. Diese zehrende Kakophonie sich überschlagender Stimmen überfordert mich derart, dass ich eines Abends – wohl aus lauter Verzweiflung – spontan beginne, in Zungen zu sprechen. „Nravasco drube?“ Doch auch meine spontan erfundene Fantasiesprache lässt die hartgesottenen Straßenhändler nicht verstummen. Sie springen einfach ein romanisches Land weiter nach Osten und probieren ihren Wortschatz in diesem Idiom an mir aus. Alpha, der kleine, immer fröhliche Wachmann meiner Behausung, rettet mich dann meist leicht verspätet und breit grinsend. Winkend ruft er mir zu „c'est moi, ta sécurité“, wenn ich gerade wieder einmal orientierungslos in die auf mich einredende Menschenansammlung stiere. Schon sein Auftauchen diszipliniert die Traube und gibt mir die Gelegenheit, mir die Schweißperlen von der Stirn zu tupfen.

Ich kann mir die vielen Gesichter vor meiner Pension einfach nicht merken! Die einzige Entschuldigung, die ich vorbringen kann: Den Chinesen geht es angeblich genauso. Alle Europäer sehen gleich aus, behaupten sie. Aber das stimmt weder in China noch im Senegal. Gleich sehen die Menschen in Dakar bestimmt nicht aus. Mein Kleinhirn ist schlicht nicht in der Lage, die unterschiedlichen Merkmale in die richtigen Schubladen zu stecken und dort zügig wiederzufinden. Gott sei Dank stelle ich im Verlauf meiner Reise erleichtert fest, dass sich diese Fähigkeiten tatsächlich trainieren lassen. In Dakar fühle ich mich aber oft noch so, als wäre die richtige Software nicht aufgespielt.

Dakar ist ein wuselnder Moloch, die Innenstadt erstickt im chaotischen Verkehr, der durch Stau immer wieder komplett zum Stillstand kommt. Nein, eigentlich steht der Verkehr tagsüber eher still und setzt sich nur hin und wieder ein wenig in Bewegung. Zwischen genervten Autofahrern, die, wenn überhaupt, nur im Schritttempo vorankommen, einem Heer von Straßenverkäufern, Bettlern und Versehrten. Bürgersteige sind eine Rarität. Wenn vorhanden, sind sie übersät mit den Fangeisen längst vergangener Installationen und heimtückischen Fallgruben oder vollgestopft mit Kleingewerbe. Ist der Bürgersteig mehr als fünf Meter am Stück zu benutzen, stolpere ich über Schuhauslagen, kollidiere mit Verkäufern für Oberhemden oder lande in der am Boden feilgebotenen Gemüseauslage, während meine Augen eine Etage höher nach Straßennamen suchen. Aus dem Nichts tauchen plötzlich Holzmasken nur Zentimeter vor meinem Gesicht zur Begutachtung auf. Jede Menge Input in zu schneller Schnittfrequenz! *Too many beats per minute in Dakar!* Doch zumindest in meinem Kiez ums „Chez Vieira" entspannt sich nach wenigen Tagen die Lage. So, als ob ich mittlerweile ein wenig dazugehöre. Irgendjemand scheint die geheime Parole ausgegeben zu haben, mich ab jetzt in Ruhe zu lassen.

Mausoleum und Moschee des Marabout Seydou Nourou Tall

Masken werden als Schutz gegen böse Kräfte und Krankheiten verkauft

Nicht alle historischen Gebäude im Stadtzentrum werden erhalten

ÎLE DE GORÉE/SENEGAL

Endstation Hoffnung

Als das Boot den Hafen von Dakar verlässt, hocke ich auf einer Rettungsinsel, die ein Siegel mit dem Datum „03/2003“ – nächster TÜV-Termin oder Verfallsdatum? – trägt. Gefühlte 600 Kinder, die mit mir zusammen auf dem überfüllten Kahn unterwegs sind, haben gerade begonnen, das Alphabet zu lernen und üben es nun lautstark und eifrig auf dem Oberdeck. Dazwischen stehen mehrere keifende Lehrerinnen, die verzweifelt versuchen, ihre energiegeladenen Schützlinge unter Kontrolle zu halten. Traurigkeit überfällt mich bei der Vorstellung, dass der größte Teil dieser unbeschwerten und spitzbübischen Bälger sich wohl bald in lethargische Malocher und missmutige Matronen verwandeln werden. Geformt vom harten senegalesischen Alltag, der so wenig gerechten Lohn für all die Mühsal bereithält.

Meine Gedanken kreisen auf der Überfahrt derweil um die Frage, warum die korrekte Bezeichnung unseres Vehikels, im Französischen „Chaloupe“, doch so viel romantischer klingt als das deutsche Pendant „Schaluppe“. Dabei betrachte ich die verschiedenen improvisierten Befestigungen – Gurte, undefinierbares Altplastik, Ketten, ein Vorhängeschloss –, die meine Rettungsinsel mit „la chaloupe“ verbinden. In einem Notfall wäre nicht mal Houdini in der Lage, das Ding vom Schiff zu lösen. Ich könnte die Rettungsinsel allenfalls mit einer Stange Dynamit zu Wasser lassen. Aber sollte der Pott wirklich absaufen, bekomme ich wohl wenigstens ein Seemannsgrab erster Klasse. Denn ich habe für mein Ticket fünfzigmal mehr als die Inselbewohner, das Dreifache der Senegalesen und immerhin noch das Doppelte aller anderen Afrikaner berappt, wie ich der detaillierten Preisliste entnehme. Diskriminierung oder gerechte Umverteilung?

Auf der Île de Gorée angekommen, tauche ich überrascht in eine andere Welt ein. Nach dem Lärm, den Menschenmassen und den Staus der Metropole Dakar nur drei Kilometer entfernt, landet der Besucher in einem verschlafenen, aus der Zeit gefallenen Provinzstädtchen, das eher in die Provence als an die Westküste Afrikas passt. Niedrige Giebelhäuser aus einer bescheideneren Epoche, in Ocker und Sienarot getüncht, statt der vielgeschossigen grauen Betonkästen Dakars, die schon bei der Fertigstellung wieder zu gammeln scheinen. Knirpse spielen Fußball unter Affenbrotbäumen und Frauen sitzen in bunt gemusterten Kleidern vor ihren Haustüren. Beschauliche Restaurants mit Terrassen direkt am Meer versorgen die Besucher mit frischen Meeresfrüchten und den senegalesischen Standardgerichten. Wegen ihrer Symbolkraft für den Sklavenhandel wurde die nur einen Kilometer lange Insel 1978 neben den Felsenkirchen von Lalibea in Äthiopien die erste UNESCO-Weltkulturerbestätte auf afrikanischem Boden.

Gorée war eine von mindestens vierzehn „Handelsstationen“, die es allein entlang der Küstenlinie vom Nord-Senegal bis hinab nach Guinea gab. Im weiteren Verlauf der afrikanischen Küste bis hinunter nach Südafrika fanden sich noch viele weitere „Sammelstellen“ für die menschliche Ware an der Elfenbeinküste, der Goldküste und natürlich an der Sklavenküste. Die Île de Gorée war dabei noch nicht einmal die wichtigste, ist aber heute die am besten erhaltene. Von hier starteten mit Sklaven beladene Schiffe in die Neue Welt, um Arbeitskräfte für die Plantagen zu bringen. Waren die Sklaven am Zielort entladen, wurde dort Zucker, Rum und Tabak für Europa an Bord gebracht, von wo es wieder mit Glasperlen, Branntwein und billigen Stoffen nach Afrika ging. Über 300 Jahre betrieben die europäischen Kolonialmächte diesen schwunghaften Dreieckshandel bis 1888 endlich auch in Brasilien die Sklaverei abgeschafft wurde. Nach Schätzungen wurden in diesem Zeitraum zehn bis sechzig Millionen Menschen verschleppt, genauere Aufzeichnungen existieren nicht mehr. Vielleicht wollte auch niemand so genau Buch führen.

Das Geschäft mit den Sklaven war strikt von christlicher Nächstenliebe und Brüderlichkeit getrennt. Zwei Paar Schuhe. Für das eigene Seelenheil beteten die Sklavenhalter in einer pittoresken Kirche und ließen sich gleich neben der Verladestation für die Unglückseligen, dem „Maison des Esclaves", die Absolution erteilen. Das „Maison des Esclaves" ist heute ein kleines Museum, sehr beeindruckend mit schön geschwungener Freitreppe zum Innenhof. Hier wurde geschachert, begutachtet und die menschliche Ware bis zur Verschiffung getrennt nach Geschlechtern aufbewahrt. Durch die „Tür ohne Wiederkehr" hat der Besucher noch heute freien Blick auf den endlosen blauen Ozean. Für die Sklaven war es angeblich die Verladerampe in die dunklen Schiffsbäuche. Auf dem Weg in die Neue Welt viele Wochen lang angekettet, war schon die Überfahrt für ein Drittel der Passagiere tödlich. Beherrscht und gemanagt wurde das Geschäft mit den Sklaven auf Gorée von den „Signores“. Die weiblichen „Métis“ oder „Sang-Mêlé“ (Mischblüter), wie sie damals genannt wurden, oft Töchter von französischen Kapitänen und afrikanischen Frauen, brachten es zu Macht und Wohlstand. In Afrika hatte die Sklaverei schon Tradition, bevor die Europäer einstiegen. Kriegsgefangene aus Stammeskonflikten wurden häufig als Haussklaven gehalten. Es gab sogar Gemeinschaften, in denen Sklaven selber Sklaven hielten. Die Unglücklichen wurden dabei jedoch oft Teil der Hausgemeinschaft und konnten in einigen Fällen sogar Karriere machen. Erst die Europäer haben die Sklaven, die sie ja nur als barbarische Wilde sahen, zur reinen Handelsware degradiert und das Geschäft in ganz neue Dimensionen geführt. Unter fleißiger Mithilfe loka-

Nur eine Legende? Unten die „Tür ohne Wiederkehr“ im Maison des Esclaves

ler Stammesfürsten, die sich schon damals gerne eine goldene Nase verdienten.

Wir neigen dazu, Sklaverei als ein Thema aus den Geschichtsbüchern zu betrachten. Doch geht die UN davon aus, dass heute mehr als vierzig Millionen Menschen in modernen Formen der Sklaverei – wie Zwangs- und Kinderarbeit, Menschenhandel und sexuelle Ausbeutung – leben. Mehr Menschen als jemals zuvor in der Geschichte. Auch das erfahre ich in dem kleinen Museum.

Nach dem Zusammenbruch des Sklavenhandels verlor die Île de Gorée langsam an Bedeutung. Brandneue Forschungsarbeiten stellen gar fest, dass die Insel beim Sklavenhandel nur eine unbedeutende Nebenrolle spielte. Sogar das „Maison des Esclaves“ sei ein poetisches Produkt seines langjährigen Leiters, ansonsten sei es einfach nur ein Handelshaus für Gold und Elfenbein gewesen. Vielleicht ist das aber auch gar nicht so wichtig. Das, was erhalten geblieben ist, macht dieses unrühmliche Geschichtskapitel erlebbar, auch wenn wesentlich weniger Sklaven von Gorée verschifft wurden. Nach dieser Epoche fiel die Île de Gorée in einen Dornröschenschlaf, der die Insel heute so beschaulich und liebenswert macht. Gerne hätte ich eine Nacht hier verbracht, doch ich hatte nicht mit der Anziehungskraft Gorées gerechnet, weshalb alles ausgebucht war. So hat mich schon am Abend der Moloch Dakar zurück. Und das Alphabet beherrsche ich jetzt auch auf Französisch.

DAKAR/SENEGAL

Auf der Suche nach der Seele

Dakar haut mich nicht um. Große Plätze ohne schattenspendende Bäume beeindrucken nicht, sondern vermitteln eine Atmosphäre verzweifelter Ödnis. Dazu Museen, die gerade renoviert werden, hier und da eine neue saudische Moschee, die schöne Corniche, der es aber an Vegetation und Straßencafés mangelt. Ein paar lieblos auf die Küstenfelsen geklatschte Meeresfrüchte-Restaurants und Souvenirbuden an der Pointe des Almadies, dem westlichsten Punkt Afrikas. Nicht zu vergessen das 49 Meter hohe „Monument de la Renaissance africaine" – das Monument der afrikanischen Wiederauferstehung – auf dem Hügel Les Mamelles. Ganz aus Bronzeplatten errichtet, sehr teuer, sehr stalinistisch, passenderweise von Nordkoreanern errichtet. Es überragt die „Statue of Liberty" in New York, ihren Sockel nicht einberechnet, um ganze drei Meter. Der Ideengeber und damalige Präsident Abdoulaye Wade ließ sich das geistige Eigentum an dem aus dem Staatshaushalt errichteten Denkmal schützen – und füllt nun Jahr für Jahr seine Privatschatulle mit 35 Prozent der Gewinne. Am meisten beeindruckt mich an dem Projekt, wie clever sich der senegalesische Ex-Präsident selbst die Pension finanziert.

Gäbe es in Dakar nicht die lebhaften Marktviertel Sandaga und Marché Tilène, meine Erinnerungen an Dakar wären fad. Aber die Märkte können mit einigen speziellen Besonderheiten aufwarten, die ich vorher auf meinem Weg noch nicht zu sehen bekommen habe. Abgesehen von der qualvollen Enge zunächst nichts Neues. Gemüse, utopische Mengen an Eiern, containerweise Erdnüsse und säckeweise Zwiebeln. Doch auf dem Marché Tilène befinden sich die Buden der Animisten, Alchimisten und Quacksalber. „Der geneigte Patient reibe einen halben getrockneten Nashornvogel, füge die Klaue eines jungen Hahns hinzu, gieße das Ganze mit dem frischen Urin eines Wasserbüffels auf …" Die Auslage lässt die Fantasie mit mir durchgehen und auf ungeheuerliche Praktiken schließen. Afrikanisches Viagra für den Mann, senegalesisches Doppelherz für die übergewichtige Mama. Merkwürdige Hölzchen, Fetische, staubige Alligatorenschädel, Hörner aller Art sollen die leidende Kundschaft ansprechen. Wortreich preisen die Verkäufer unter den zusammengezimmerten Ständen Pülverchen, magische Blätter, das Gefieder exotischer Vögel oder gleich den halben Papagei im grünen Federkleid an: Als Geheimwaffe gegen alle erdenklichen Krankheiten, vielleicht auch den bösen Blick. Der Händler zeigt mir Amulette, die präventiv wirken und gegen alle missliebigen Geister oder die Hexerei des übellaunigen Nachbarn feien. Da ich gesund bin, verzichte ich darauf, mir die Zubereitung der Arzneien erklären zu lassen, obwohl ich schon neugierig wäre, wie ich einen halben grünen Papagei verarbeite. Hier komme ich zu einem kunstvoll bemalten Vorhängeschloss, das Glück und Sicherheit auf meiner Reise garantiert. Die Welt der Fetische und Geister darf im Senegal trotz Islam weiter-

Medizin & Fetische: Naturheilkunde nahe des Marché Tilène

leben. Auch heute noch reist eine westafrikanische Fußballmannschaft nicht ohne ihren Fetischpriester zu den großen Turnieren.

Trotz der Märkte und afrikanischer Medizin: Dakar bleibt seltsam seelenlos. Und dennoch bleibe ich länger als geplant. Ich werde das Gefühl nicht los, mit der Stadt noch nicht fertig zu sein, glaube zu spüren, dass Dakar seine Essenz im Geheimen vor mir verborgen hält. Ich suche in rabenschwarzen nächtlichen Seitenstraßen und deprimierenden Spelunken – erfolglos. Musikclubs sind verschwunden, auf die Discos der Reichen und Schönen habe ich keine Lust. Ich muss hier wirklich raus! Leichter gesagt als getan. Mein Taxi steht im engen, frenetischen Verkehr des quirligen Sandaga-Marktviertels, wir stehen im Stau auf den breiten Magistralen zum Hafen, nichts bewegt sich auf der Zufahrt zur Stadtautobahn. Anderthalb Stunden

Ampelfreie Kreuzung im Sandaga Marktviertel

brauchen wir für die neun Kilometer zur *Gare Routière Des Baux Maraîchers* in einem Stadtviertel am Rande Dakars. Zwischen den sich wild einfädelnden Pkws, erstaunlich entspannten Pferdefuhrwerken, Motorrollern in selbstmörderischer Mission und Fußgängern mit Wahrnehmungsstörung, die gemeinsam in perfekter Interaktion jede Kreuzung verstopfen, arbeitet das Heer der Straßenhändler unter Gefahr für Leib und Leben.

Auf der langen Fahrt habe ich genug Zeit darüber nachzudenken, was ich daheim kaufen würde, könnte ich auf dasselbe pfiffige Dienstleistungsangebot wie im Verkehrschaos Dakars zurückgreifen. Einen Kaffee sicherlich, einen Schokoriegel, ein belegtes Brötchen oder eine Packung Zigaretten vielleicht. Der Dakarer entwickelt im stetigen Stop und seltenen Go jedoch offensichtlich ausgefallenere Konsumwünsche. Hier wird inmitten der stehenden Blechlawine ein Universum von Kuriositäten feilgeboten. Während die Fahrer brutal um jeden gewonnenen Zentimeter kämpfen, verkaufen fliegende Händler ausgewachsene Wanduhren, „Mensch ärgere Dich nicht"-Spiele, Schuheinlagen und Grillkohleanzünder. Oder soll es doch lieber ein mobiler Kleiderschrank, ein Frisierset für die Kleinen, ein Bauchtrainer oder ein Gebetsteppich sein? Ich bin nicht davon überzeugt, dass dieser „Drive-through" wirklich der perfekte Standort für ein solches Warensortiment ist.

„Schatz, ich finde du hast in letzter Zeit ein wenig zugelegt. Deshalb habe ich dir von der Avenue Pompidou Ecke Rue Fenelle heute diesen wirklich tollen Bauchtrainer mitgebracht."

Oder doch eher:

„Darling, wenn Du heute Nachmittag auf dem Place de l'Indépendance staust, denkst Du bitte daran bei Babou – das ist der lustige Dicke mit dem Ringelshirt – diese wunderbaren Ohrstäbchen mitzubringen? Ach ja, und für den Spieleabend mit den Diallos am Freitag: Bring doch bitte auch ein neues Scrabble von der Ampel an der Corniche mit, das alte ist ganz verschlissen."

Wie dem auch sei, die Mysterien des erfolgreichen Hausierens im Stau von Dakar bleiben für mich ein Buch mit sieben Siegeln.

Obwohl der Startpunkt für Tausende von *Sept-Place*-Taxis – wie die Buschtaxis im Senegal genannt werden, meist ein alter Kombi, mit zusätzlicher Sitzbank ausgestattet – an die Peripherie verlegt wurde, braucht mein Bus von dort eine geschlagene halbe Stunde, nur um den brandneuen Busbahnhof zu verlassen und sich in den stockenden Verkehr einzufädeln. Es ist meine erste Überlandbusfahrt im Senegal und sogleich werde ich durch eine spannende Verkaufsveranstaltung unterhalten: Ein adretter junger Mann steigt zu, klopft sich den Staub aus der Kleidung und preist wortgewandt eine Hautcreme der Marke „Diplomat" an. Diese erzielt scheinbar sensationelle Erfolge bei empfindlicher Haut. Sich akrobatisch im Mittelgang des wild ein- und ausscherenden Busses festhaltend, folgt mit dramatisch modulierter Stimme die Präsentation einer Drei-Schichten-Zahncreme auf Aloe Vera-Basis. Die Show wird abgerundet mit dem *Tasting* eines widerlichen Ingwerbrausepulvers, das auch ich probieren darf und das mich sofort davon überzeugt, mich künftig von dem zweifelhaften Gesöff fernzuhalten. Während ich noch auf die Präsentation von Heizdecken warte, beginnt der Verkauf. Überrascht registriere ich, dass die Produkte des jungen Mannes unter meinen Mitreisenden reißenden Absatz finden. Für die Bus-*Crew* gibt es schnell noch ein paar Pröbchen und ein paar Scheinchen und schon ist die senegalesische Version eines Avon-Beraters dem Bus entsprungen und wartet mitten im Busch auf die nächste Butterfahrt in Gegenrichtung.

MAR LODJ/SENEGAL

Beschauliches Insel- (oder) Landleben im Sine-Saloum-Delta

Unterwegs nach Süden ins Sine-Saloum-Delta immer noch viel Sand und vertrocknetes Land. Was zum Teufel wollten die Franzosen hier bloß, nachdem sich das Bombengeschäft mit dem Sklavenhandel erledigt hatte? Damals wie heute ist der senegalesische Exportschlager die Erdnuss. Ich kann es nicht glauben: Die *Grande Nation* hat das ganze koloniale Theater, den Kampf mit widerborstigen Eingeborenen und die ewigen Balgereien mit den Briten wegen einer eher dürftigen Landwirtschaft aufgezogen? Für Nüsse? Oder wollte Frankreich die Segnungen der Christenheit und der Zivilisation nach Afrika bringen? Den Kontinent mit Baguettes, Madeleines, anständigem Kaffee und Rotwein beglücken? Nun, letzteres wären zumindest Beweggründe, die ich wohlwollend würdigen könnte. Aber Westafrika ist heute nicht nur wegen der Ausbeutung der landwirtschaftlichen Ressourcen interessant. Die Region ist für französische Konzerne auch ein lukrativer Markt mit fast 400 Millionen Konsumenten.

Wenn die ganzen Peugeots halt gerade niemand haben will, kann man sie doch prima den Westafrikanern andrehen, *n'est-ce pas?* Selbst die Ärmsten der Armen leisten sich ab und zu ein Stück „La vache qui rit"-Käse oder einen Suppenwürfel. So jedenfalls sieht das Tish, ein 28-jähriger Senegalese mit Magister-Abschluss in Tourismus, der neben Wolof, Diola und Französisch auch Spanisch spricht. Ich treffe Tish im Sine-Saloum-Delta. Sein Frust ist groß, denn trotz Studium ist er ohne festen Job und verdingt sich auf Abruf. Manchmal als Reiseleiter für spanische Touristen, manchmal als „Fixer", also ortskundiger

Organisator, Strippenzieher, Übersetzer, Mädchen für alles, der Mann, der ein Projekt oder geschäftliche Vorhaben am Laufen hält. Er ist der Ansicht, dass Frankreich die Region immer noch fest im Griff habe. Die senegalesischen Führungseliten seien alle in der *Grande Nation* ausgebildet und weiterhin abhängig von französischen Gnaden und Geldern. Noch immer ist im Senegal Französisch die Unterrichtssprache in den Schulen – und nicht Wolof oder eine der Sprachen der anderen Volksgruppen. Frankreich dominiere die Region nach dem Prinzip „teile und herrsche", schüre hier einen Konflikt, sende dorthin Waffen. Afrika würde selbst übrigens keine Waffen produzieren, klärt ein wütender Tish mich auf. Die kämen zumeist aus Europa. Das sorge dafür, dass sich die afrikanischen Brüder gegeneinander aufhetzen ließen, uneinig blieben und die französischen Konzerne mit ihren Supermärkten und Tankstellenketten weiterhin fette Profite ein-

Endlich mal ein Bus – zumindest für ein Stück: Auf der Fahrt ins Sine-Saloum

führen. Sicher ist da mehr als nur ein Körnchen Wahrheit enthalten. Oft ist die Realität aber nicht ganz so einfach. Ich frage Tish, was er von der Fähigkeit seines Landes hält, sich selbst zu regieren. „Das wird schon alles, wenn die alten politischen Führer weg sind", versichert er zutiefst überzeugt.

In diesem Punkt ist er einer Meinung mit seiner Eminenz Kardinal Anokye, Erzbischof von Kumasi in Ghana: „Afrikas Probleme sind hausgemacht. Aus Angst oder Gunst wählten wir korrupte Führungskräfte anhand ihrer Stammeszugehörigkeit ins Amt. Wir haben uns für Anführer entschieden, die Afrika seit der Unabhängigkeit bis heute nicht vorangebracht haben." Erst kürzlich appellierte er an die Afrikaner, nach einem „langen Schlaf" endlich aufzuwachen.

Allerdings waren im Senegal 2019 erst Wahlen – bis 2024 ist der alte Präsident Macky Sall wiedergewählt. Solange müssen die Senegalesen wohl noch warten, bis eine echte Chance auf Veränderung besteht. Hoffentlich haben Tish und der Kardinal Recht. Katastrophale Beispiele für einen misslungenen Neustart nach dem Absägen des alten Establishments bietet der Kontinent zuhauf.

Auf der Mar Lodj haben gerade einmal drei kleine Dörfer, ein wenig Busch und viel Sand Platz. Autos oder asphaltierte Straßen gibt es keine. Die Menschen leben vom Fischen, vom Erdnuss- und Hirseanbau. Die Ruhe des Landlebens, die Freundlichkeit und Bescheidenheit der Menschen auf der kleinen Insel im Sine-Saloum-Delta, überwältigen mich. Der gemütliche Xavier, ein ruhiger und sehr fürsorglicher Guesthouse-Betreiber mit rundem Bauch, rundem Gesicht und sehr bunten Hemden, bietet mir direkt am Fluss ein behagliches Heim. Der öffentliche Nahverkehr besteht hier aus zwei Pferdewagen, jeweils morgens und abends, wenn die Fähren anlegen. Kein knatterndes Moped stört die Stille. Alte Frauen füttern mich mit Erdnüssen, laden mich ein, in der Hitze erfrischenden, selbstgemachten Cashew-Saft zu probieren. Sehr entschleunigt!

Die aufdringlichen Schlepper und *Hardseller* der Städte sind verschwunden. Kinder rufen mir „Toubab, Toubab" nach und verleihen damit ihrer offensichtlich ehrlichen Freude Ausdruck, einen weißen Mann im Dorf entdeckt zu haben. Selbst das obligatorische „Donnez moi cadeau! Donnez moi monnaie!" („Gib mir ein Geschenk! Gib mir Geld!") der Kinder klingt hier schüchtern, eher probierend und überhaupt nicht fordernd. Abseits der Städte kann der Senegal aber auch so romantisch sein! Ob in den mäandernden Flussarmen des Senegal-River oder beim Anblick ganzer Dörfer, deren Häuser und Straßen nur aus Muscheln erbaut sind. Ob zwischen Myriaden von Pelikanen auf den Seen des Djouf-Nationalparks oder im Delta des Sine-Saloum. Hier fährt man nicht einfach Boot. „On fait une balade en pirogue!" Kutschfahrt auf der sandigen Insel Mar Lodj? „Non, monsieur, nous faisons une balade en calèche!", auch wenn die Kalesche ausschließlich aus einem ungefederten harten Brett auf einer Achse besteht und das vorgespannte Pferdchen recht traurig aussieht. Daheim erfahre ich, dass meine romantischen Gefühle auf einer Vokabelschwäche beruhten. Habe ich doch das fröhlich beschwingte „ballade" – per Definition das „Tanzlied" – mit „la balade" – dem Ausflug – verwechselt! Na, egal, allein die Vorstellung war schön.

Inzwischen ist meine Wahrnehmung neu skaliert. Ich bin angekommen in der afrikanischen Normalität, der erste Kulturschock ist überwunden. Mittlerweile kann ich einigermaßen unterscheiden, wer nur überschwänglich grüßt und wer dagegen ein kleines Geschäft machen will. Der Plastikmüll und die Autowracks gehören selbstverständlich zum Landschaftsbild und fallen mir nur noch in Extremsituationen negativ auf. Oft riecht es fremd, meist nicht unbedingt gut, doch das löst nur noch selten Ekel aus. O.K., das ist halt Afrika. Der *Master Reset* auf die afrikanische Systemumgebung hat stattgefunden.

Bei Xavier logiere ich zum ersten Mal in einem kreisrunden Impluvium-Haus, einer Art runden Burg. Früher

Holzlieferung für Mar Lodj/Senegal

soll diese Architektur der Diola bei Stammeskriegen die Verteidigung erleichtert haben. Mit einem zum Innenhof abfallenden Grasdach sorgt das aus Schlamm erbaute Impluvium-Haus für ein perfektes Klima und erleichtert das Sammeln von Regenwasser. Ich genieße die Kühle im Inneren und labe mich am roten, klebrig süßen Bissap-Saft, der aus Hibiskus-Blüten gemacht wird. In dem struppigen, etwas unstrukturiert angelegten Garten bewundere ich Kalebassen, Flaschenkürbisse, aus denen sich kunstvolle Gefäße herstellen lassen und bestaune bombastische Pampelmusen, die an Sträuchern wachsen, die viel zu fragil erscheinen, um diese Riesenfrüchte hervorzubringen. Ich inspiziere die Doppelfrucht der Cashew-Bäume, bestehend aus Fruchtfleisch und Nuss. Und jeden Abend freue ich mich nach der Hitze des Tages, inzwischen betragen die Tagestemperaturen 37 °C, auf ein zischendes, beschlagenes „La Gazelle"-Bier zum Sonnenuntergang über den

Rast auf dem Dorfplatz im Schatten eines mächtigen Fromager-Baumes

Fluten des mächtigen Marigot de Djilor. Keine Ahnung, wie Xavier die kalt kriegt. In der 0,63-cl-Flasche – offenbar ein altes senegalesisches Standardmaß – eine ordentliche Bombe! Nach dem Abendessen lassen meine Gastgeber für eine Stunde oder zwei noch ausgelassen die Trommeln klingen. Dazu gibt es Geschichten und frischen Palmwein, der sowohl auf sein Gefäß, den handelsüblichen Benzinkanister, als auch auf die Verdauung äußerst explosiv wirken kann und daher unbedingt sofort getrunken werden muss. Deshalb reise ich in Afrika. Die Milde der Nächte, die Erzählungen der Menschen, die energiegeladene Musik. Glückseligkeit im Senegal.

Fast reife Früchte des Cashew-Baums

DER WIND HILFT, DIE ERDNÜSSE VON DEN SCHALEN ZU TRENNEN

MAR LODJ/SENEGAL

africell
Welcome to Banjul
BJL 0553 P
BJL 2272 L
BJL 9116 L

THE GAMBIA

Dieser Fluss soll britisch sein!

Nur gut sechzig Kilometer „as the crow flies“, aber gut 200 Straßenkilometer bis zum Tagesziel: Banjul in Gambia. Der Plan: Ich hangle mich von Dorf zu Dorf, überquere eine Grenze, warte auf eine Fähre über den Gambia River und sitze am Abend mit einem kühlen Bier auf einer Terrasse in Banjul! Vor meiner Herberge liest mich ein freundlicher Bauer mit seinem Eselskarren auf und bringt mich zur Landstraße. Zwar bretthart, dafür aber völlig kostenlos und deutlich angenehmer als mit schwerem Gepäck unter sengender Sonne durch Treibsand zu marschieren. Weiter geht es für 40 Cent komfortabel mit dem „Clandes“, einem fünfsitzigen Pkw, ins nahegelegene Fimela. Jetzt endlich ein Standard-*Sept-Place* nach Ndiosmone, knapp 40 Kilometer, 25 Minuten, 1,50 Euro. Gewohntes Vehikel, aus Zeiten der Mondlandung, die Mitfahrer nicht allzu dick, weder Kinder noch Tiere auf dem Schoß. Allerdings drückt irgendein Metallteil in meinen Allerwertesten. Das geht auf die Bandscheiben und mir schläft ein Fuß ein. Bevor diese Industriedenkmäler französischer Ingenieurskunst selbst geschafft sind, schaffen sie dich! Aber die Fahrt dauert ja nur noch 20 Minuten.

In Ndiosmone müssen zunächst die lauernden Taxifahrer abgewimmelt werden, die höllisch teure Direktpassagen in das etwa 80 Kilometer entfernte Kaolack anbieten. Die stürzen sich wie die Geier auf jedes neu eintreffende Fahrzeug, noch bevor es steht. Ich halte mich an die Mamas am Straßenrand, die mir versichern, es käme noch ein Bus. Der kommt tatsächlich schon nach einer Viertelstunde. Der Bus, ein alter roter Mercedes-Lieferwagen aus den 1970ern, wurde von findigen Schmieden und Polsterern mit Busbänken bestückt. Die Reisegeschwindigkeit von 30 km/h ist schnell erreicht, der Diesel nagelt gleichmäßig und gemütlich zockeln wir über Land. Gar nicht so unbequem für 2 Euro Fahrpreis und angeblich direkt nach Kaolack, dem Versorgungszentrum der Region. Allerdings muss in einem *Gare Routière* auf halbem Weg noch eine Mittagspause eingelegt werden. Untrügliches Zeichen dafür, dass die Pause ein wenig länger dauern könnte, sind die Passagiere, die das Betriebsgelände verlassen oder auf andere Vehikel umsteigen. Nur wenige Optimisten bleiben im Bus und dösen vor sich hin. Als dann der Fahrer zwischen Tee und Vorsuppe sogar den Motor abstellt, klettere auch ich aufs Busdach und krame meinen Rucksack zwischen Reissäcken, Fahrrädern und Kanistern hervor und balanciere die Leiter auf der Rückseite unter zwei Rucksäcken schwankend wieder herunter. Nur, um erneut in ein schon überfülltes, das heißt abfahrbereites, *Sept-Place* für 1,50 Euro umzusteigen.

Ohne weitere Unterbrechungen erreichen wir Kaolack. Die Stadt besitzt keine Attraktionen, dafür aber die einzigen Geldautomaten im Umkreis von 100 Kilometern. Da ich mit einer Barschaft von umgerechnet 7 Euro keine internationale Grenze überqueren möchte, geht es zum Geldautomaten. Für immerhin 5 Euro bringt mich ein weiteres *Sept-Place* oder auch *Taxi Brousse,* von Ausländern einfach Buschtaxi genannt, die gut 90 Kilometer nach Karang, dem Grenzort zu Gambia.

Grenzübergang von Senegal nach Gambia – für beide nicht unbedingt eine Visitenkarte

Oussy auf der Rückbank neben mir ist zu ihrer betagten Mutter in die Casamance unterwegs. Sie lehrt in Dakar scheinbar jedes vorstellbare Schulfach. Da sie sowieso fast auf meinem Schoß sitzt, kann sie mir auch gleich ein paar Nachhilfe-Lektionen Französisch erteilen. Mein Lernfortschritt bei der Konjugation der unregelmäßigen Verben bleibt jedoch bescheiden, da ich mich darauf konzentriere, meine Barschaft vor Erreichen der Grenze auf alle möglichen Taschen zu verteilen. Nur wenige der kleinen Scheine behalte ich griffbereit. Sollte eine korrupte Grenztruppe eventuell „Gebühren" fordern, möchte ich kein Riesenbündel CFA im Gegenwert eines Maultiers präsentieren. Aber, freudige Überraschung: Es geht völlig problem- und kostenlos über die Grenze. Stattdessen wird schneidig salutiert, es werden E-Mail-Adressen getauscht und Selfies mit dem kernigen Offizier der Grenzpolizei gemacht. Der mich via WhatsApp übrigens heute noch fast wöchentlich grüßt. *God bless* „The Gambia".

Das erste Taxi im gelobten Land legt die 20 Kilometer zur Fähre nach Barra flott zurück. Ein alter 190er Mercedes mit überraschend unverbeulter Karosse, nur kleineren Lackschäden, echten Polstern und einer komplett erhaltenen Fahrgastzelle, inklusive funktionierenden Armaturen, Türverkleidungen und Dachhimmel. Er besitzt sogar intakte Außenspiegel statt der im Senegal obligatorischen, provisorisch fixierten Scherbe. Obwohl wir mit nur vier, statt sechs Passagieren losfahren, wird nicht mehr als der Standardpreis von 1,50 Euro berechnet. In den nächsten Wochen werde ich nie wieder so bequem in einem mangelhaft ausgelasteten Fahrzeug reisen.

Die Wartezeit für die Überquerung des mächtigen Gambia River verbringe ich auf dem Gepäck sitzend mit etwa tausend weiteren Passagieren vor dem Fährterminal. Das Fährticket kostet mich 50 Dalasi, etwa 1 Euro. Oussy und ich bewachen gegenseitig unsere Habseligkeiten. Angesichts von streunenden Hunden, Geldwechslern, Schmugglern, Glücksrittern, kleinen Gaunern und anderen fragwürdigen Gestalten mit unklarem Betätigungsfeld ist das in dieser zwielichtigen Hafengegend scheinbar auch sinnvoll. Doch schon öffnen sich die großen Metalltore zum Kai und es beginnt der Run auf die soeben eingelaufene Fähre. Neben meinen beiden Rucksäcken bin ich inzwischen mit einem roten Rollkoffer und dem farbenfrohen Besen meiner Reisegefährtin ausstaffiert. Diese Gepäckverteilung erhöht Schlagkraft und Geschwindigkeit unserer kleinen Gruppe im Gedränge gewaltig. Die Bugklappe der Fähre öffnet sich und sofort brettern Armee-Jeeps und Sattelschlepper rücksichtslos von der Fähre herunter, nur Zentimeter an den Wartenden vorbei. Für uns geht es darum, zwischen Menschenmassen, Mopeds und Pferdefuhrwerken im Laufschritt die besten Plätze auf dem überfüllten Kahn zu erobern. Dabei sind bunte Besen und große Rollkoffer jedoch eher hinderlich.

Mittlerweile bin ich verschwitzt und staubig. Prima, denn so haftet der Film aus salzhaltiger Seeluft und dem flockigen Ruß der Schiffsdiesel verlässlich auf der Haut. Der Gambia River ist hier nahe seiner Mündung gute fünf Kilometer breit, die Gebäude Banjuls am anderen Ufer entsprechend winzig. Diese Flussfähre hat nichts gemein mit einer Rheinquerung, ähnelt eher einer Fahrt auf das offene Meer mit dem falschen Schiffsmodell. Denn der schwankende Seelenverkäufer hält wegen der auflaufenden Flut zunächst direkt auf die hohe See und nicht auf das rettende Ufer zu. Brecher rollen vom Atlantik herein und schlagen steuerbord über den flachen Bug der „M/V Kunta Kinteh". Die Gischt sorgt bei den gedrängten Passagieren auf dem Fahrzeugdeck für regelmäßige Salzwasserduschen. Für eine Autofähre stampft der Kahn verdächtig. Hoffentlich verrutscht die Ladung nicht! Denn ich befürchte, bei einem Kentern würde sich herausstellen, dass die Rettungsboote schon seit vielen Jahrzehnten autonom und fern des Mutterschiffs als Fischerboote im Einsatz sind. Irritierend ist auch der Blick nach Backbord, also stromaufwärts. Dort wird der Fluss sogar noch breiter. Während zur See der Horizont klar erkennbar ist, verschwimmt die silbrige Wasserfläche landeinwärts mit dem feuchten Dunst über dem Kontinent. Dort, wo eigentlich das Land sein sollte, liegen in der Ferne Tanker und Containerriesen auf Reede. In Anbetracht des technischen Zustandes der Fahrzeuge aller Art in dieser Weltgegend vertraue ich der Funktionstüchtigkeit von *Features* wie Licht, Funk oder gar Radar nicht. Deswegen bevorzuge ich Fahrten bei Tageslicht. Unterdessen liefern wir uns jedoch ein Wettrennen mit der untergehenden Sonne, gegen die Urgewalt des zum Meer drängenden Stroms kämpfend. Wir verlieren es deutlich.

Ein letztes Taxi bringt mich schließlich durch das nächtliche Hafenviertel Banjuls. Die engen, verstopften Straßen sind verpestet vom Diesel der Lastwagen, die teilweise stundenlang auf die nächste Fähre warten. Alle Fassaden bröckeln. Mein Ziel ist das „Princess Diana Hotel", dessen Alleinstellungsmerkmal laut gut informierten Quellen abschließbare Türen sind. Ich bin nicht sicher, ob das ein gutes oder ein schlechtes Zeichen für die Qualität des Hotels ist. Diese Frage ist jedoch schnell beantwortet, als mir ein extrem lässiger „Hotel-Manager", die Rasta-Mähne unter gehäkelter Wollmütze verborgen, zu später Stunde umstandslos einen Kleinkredit in Landeswährung auszahlt. Komplett ohne Sicherheiten! „Yeah man, no worries, trust you!" So abgerissen, wie ich nach dieser Tagesreise aussehe, ordnet mich Bobs afrikanischer Bruder offensichtlich nicht dem „Babylon-System" zu: So bezeichnen die Rastafaris das herrschende westliche Gesellschaftssystem, das in ihren Augen korrupt und unterdrückend, den einfachen Mann knechtend, ist. „That's why I love Africa": Ein skurriles Hotel, einzigartige Charaktere, nichts wird sein, wie man es erwartet. Den Kredit nutze ich umgehend für das erste kühle Bier in Gambia und eine warme Mahlzeit nebenan. Fish & Chips natürlich – denn Gambia war britisch. Eine nette kulinarische Abwechslung in dieser von der *Grande Nation* dominierten Weltgegend. Nach einem langen Reisetag bin ich jetzt schlagkaputt: 233 Kilometer, zwei Länder, zehn Transportmittel, zwölf Stunden Reisezeit, Gesamtkosten 13,90 Euro. Insgesamt gutes Preis-Leistungs-Verhältnis, doch der Esel sollte seine Blähungen behandeln lassen.

Es ist schon erstaunlich! Obwohl das winzige Gambia mit seinen gut zwei Millionen Einwohnern komplett vom französisch geprägten Senegal umgeben ist, sind die Spuren, die die Briten hinterlassen haben, auch nach über 55 Jahren Unabhängigkeit allgegenwärtig. Existiert mal ein Bordstein, ist er schwarz-weiß angepinselt. Wettbüros laden zum Zocken ein, Restaurants locken mit „Full English Breakfast", „Pork Pie" oder „Yorkshire Pudding". In der Wand stecken unförmige englische Steckdosen, die für die Nutzung durch kontinentaleuropäische Stecker erst überlistet werden wollen.

Die Dinge funktionieren in Gambia anders. Meine geliebten *Sept-Place* werden durch betagte *Geli-Geli*, verbeulte japanische Minibusse, ersetzt. Außerdem scheint Banjul Kingston/Jamaika beträchtlich näher zu sein als dem Senegal. Überall in Serekunda, dem wirtschaftlichen *Powerhouse* des kleinen Landes, dröhnt Reggae aus den Boxen. Die Jungs sind viel cooler als ihre senegalesischen Brüder. Deshalb plagen sich überall in der Hitze Rastas mit riesigen Wollmützen ab. „'ow are you?" statt „Ça va bien?" Selbst wildfremde Passanten müssen wie in Trenchtown unbedingt nach einem komplizierten Ritual abgeklatscht werden. Meist komme ich bei diesem Begrüßungsprozedere völlig durcheinander. Macht nichts, ein Händeschütteln kriege sogar ich hin und das ist obligatorisch.

Ich beschließe den Tag erst einmal ruhig angehen zu lassen und wandere durch Serekundas in der Sonne brütende Gassen. Mein Ziel ist der „Kachikally Crocodile Pool" – eine der größten Attraktionen des kleinen Landes. Wer jemals erlebt hat, wie ein fünf Meter langes Nilkrokodil förmlich explodiert und ein passables Stahlboot attackiert, hat ordentlich Respekt vor den Viechern. Etwas skeptisch betrachte ich zunächst den gammeligen Maschendrahtzaun, der einen Teich einzufrieden scheint, bewundere anschließend die stattlichen Löcher im Zaun, bevor ich feststelle, dass sowieso nur ein Drittel des grünlichen Tümpels eingezäunt ist. Dann entdecke ich eine erste dösende Echse zwischen den Ruhebänken des sorgfältig geharkten Picknick-Platzes, frage mich kurz, ob ich halluziniere und beginne sofort hastig meine Umgebung und das Hinterland zu checken. Etwa 70 Krokodile leben hier, einige bis zu 60 Jahre alt. Sie alle werden schubkarrenweise mit mehreren 100 Kilo Fisch am Tag gefüttert.

„Some are dangerous“, klärt mich einer der Pool-Guides gelangweilt auf. Ob ich eines der Tiere streicheln wolle? Was macht es für einen Sinn, mit einem gepanzerten Überbleibsel aus der Steinzeit zu kuscheln, frage ich mich verstört.

Ein wenig weiter erreiche ich einen kleinen Platz, an dem Erstklässler munter über die dichtgedrängten Krokodile klettern und sich mit selbigen ablichten lassen. Ausgestopft? Nein, die Biester blinzeln. Gedoped? Angeblich nicht, sondern eben nur gut gefüttert. Seit 400 Jahren kommen Gambias Frauen hierher, um sich ihren Kinderwunsch zu erfüllen. Das Krokodil gilt in Gambia als Symbol für Fruchtbarkeit. Schon eine Dusche mit Wasser aus dem Tümpel soll Wunder wirken! Offensichtlich ist es nicht nötig, mit den Tieren zu schwimmen. „Berühren Sie keine Krokodile ohne den Rat des Pool-Führers!“, verkündet eine Wandbeschriftung in allen erdenklichen

Panzerechsen zum Kuscheln am Kachikally Crocodile Pool

Sprachen bis hin zu Chinesisch und Ungarisch. Klingt extrem touristisch. Ist es auch! Trotzdem ein guter Platz, um die Echsen zwischen den einzelnen Besuchergruppen in aller Ruhe und aus nächster Nähe zu studieren. Na ja, viel *Action* ist nicht zu beobachten, dafür jedoch hautnah jede Faser dieser Kraftpakete. Einigen der Tiere gelang schon die Flucht. Die Exilanten haben eine weitere Kolonie gegründet. Etwa einen Kilometer entfernt bevölkern sie einen Pool in unmittelbarer Nachbarschaft eines renommierten Restaurants. Die Kolonisten wären etwas wilder, berichtet mir einer der Guides; die Kellner hielten sie mit Essensresten bei Laune. Nachdem ich ausgiebig registriert habe, wie viele der streichelnden Erstklässler dem Exitus durch die berüchtigte Todesrolle der Krokodile entronnen sind, lasse auch ich mich zu einem Foto zwischen den Monstern hinreißen. Schließlich soll das Streicheln der Urviecher Glück bringen. Wer weiß, ob es

Deutsche Bedienungsanleitung fürs Echsen-Kuscheln

funktioniert – so oder so bleibt ein cooler Crocodile-Dundy-*Shot*.

Der Gambia River und der dazugehörige Staat teilen den Senegal praktisch in zwei Hälften. „The Gambia", ein Land halb so groß wie Hessen, wurde nach zähen Verhandlungen zwischen Engländern und Franzosen im Rahmen des Pariser Friedens von 1783 aus der Taufe gehoben. An der Savannenlandschaft zu beiden Seiten des Gambia River hatten die Engländer wenig Spaß.

Dieses Territorium musste hauptsächlich deswegen britisch sein, damit niemand rechtmäßig eine Kanone hineinstellen und die Flussschifffahrt gefährden konnte. Für den Sklavenhandel hingegen wies Gambia die optimale Geografie auf. Es gibt eine Flussinsel etwa 300 Kilometer stromauf im Binnenland, wo Sklaven bequem gesammelt, registriert und verstaut werden konnten, um sie bei Gelegenheit auf eine weitere Insel im Mündungsgebiet zu verschiffen. „Versandfertig" für ihre Reise über den großen Teich. So war es den englischen Händlern möglich, auf einem überschaubaren und gut zu verteidigenden Eiland zu hocken, während sie ihren Geschäften nachgingen. Sie konnten also relativ entspannt *Scones* vertilgen, Tee aus Silberkännchen schlürfen oder den Sportteil einer Monate alten *Times* lesen, ohne ständig mit den Überraschungsangriffen kriegerischer Wilder rechnen zu müssen. Der Sklavenhandel konnte abgewickelt werden, ohne das gefährliche Hinterland betreten zu müssen. Das war in Gambia sowieso gerade groß genug für ein paar Gemüsegärtchen und etwas Wild zur Versorgung der weißen Insulaner. Die Hände machten sich andere schmutzig und schafften die menschliche Ware herbei.

Gambia, Verzeihung „The Gambia" – so viel Zeit sollte sein – lebt zum Großteil von Fischerei, Erdnussanbau und Tourismus. Eigentlich kein Grund den Landesnamen mit diesem Adelstitel zu verzieren. Und: Einige Autoren sprechen auch von der besonderen wirtschaftlichen Bedeutung von Reimporten. Reimporte? Was ist das denn? Ich muss erstmal nachschlagen. Klassisch versteht der Volkswirt darunter den Verkauf von Neuwaren ins Ausland und dessen Reimport unter Ausnutzung von Zoll- und Steuervorteilen der unterschiedlichen Länder. Klingt schon nach Beschiss und Gemauschel.

Nach den Schilderungen meiner Reisebekanntschaften, den reisenden „Businessmen", beschleicht mich der dunkle Verdacht, dass die „Zollvorteile" generell durch Schmuggel und die „Steuervorteile" durch Bestechung erlangt werden. Oder umgekehrt. Von Klamotten und Sonnenbrillen über Mobiltelefone und Autos bis hin zu speziellen japanischen Hightech-Toiletten schaffen diese Geschäftsleute auf Bestellung alles über die Grenzen, offizielle Verwaltungsakte werden jedoch häufig gemieden. Ali aus Casablanca hat es zu zwei Häusern und dem dazugehörigen amerikanischen SUV mit kraftvoll röhrender V8-Maschine gebracht. Sowohl Ali als auch Mike aus Gambia und „Ousmane le lion sénégalais" sprechen offen darüber, dass sie den Sattelschlepper oder die tausend iPhones mit Profit im fremden Land verkaufen können, weil da ein guter Bekannter an der Grenze arbeitet, der

Onkel ein hohes Tier beim Zoll oder der Bruder ein hochrangiger Polizeioffizier ist. Das bedeutet Durchwinken ohne Verzollung für Waren, die es für die Steuerbehörden gar nicht gegeben hat. Natürlich mit reichlich Bakschisch für alle Beteiligten, unter Maximierung des Profits zu Lasten des Gemeinwesens. Wie kann ein funktionierender Staat aufgebaut werden, wenn niemand Zoll oder Steuern zahlt? Stattdessen landet für öffentliche Aufgaben dringend benötigtes Geld in korrupten, aber auch unterbezahlten Händen – bei Geschäftsleuten mit Kontakten und hohen Beamten. Die bauen statt einer Wasserversorgung, einer Universität oder einem Krankenhaus vielleicht doch lieber die eigene Villa oder kaufen einen arabischen Zuchthengst.

Darüber hinaus hat sich in Gambia eine Bettel- oder Second-Hand-Ökonomie etabliert. Alagie, ein paar Tage später mein Campmanager, meint, ich könnte doch zukünftig Klamotten, alte Mobiltelefone und was sonst noch so in eine Bananenkiste passt, an ihn senden und vom geteilten Erlös meine zukünftigen Afrika-Reisen bestreiten. Natürlich vorbei an Steuer und Zoll.

Beim Geldwechsel am Senegambia-*Strip* mache ich mit dem anderen wichtigen Wirtschaftszweig, dem Tourismus in seiner besonderen lokalen Ausprägung, Bekanntschaft. Der *Strip* ist eine Ansammlung von Restaurants, Spielhöllen und Wechselstuben. Einigen Gambiern hat ein vorübergehender Deutschland-Aufenthalt zu Sprachkenntnissen verholfen, die sie jetzt freiberuflich in der Tourismusindustrie zu klingender Münze machen. Während ich einen Kaffee schlürfe, springt der hohe Anteil rüstiger europäischer Rentner in einheimischer Begleitung ins Auge. Die Generation, von der ich vermuten würde, dass sie in den rustikalen Wirtshäusern Tirols beim Schuhplattler sitzt, statt in zweifelhaften Etablissements für Pauschalurlauber in Gambia herumzuhocken. Die hartgesottenen, wettergegerbten Langzeitresidenten drücken sich eher in günstigen „Hole-in-the-Wall“-Bars in den schlechtbeleuchteten Gassen der zweiten Reihe herum, um mit den Einheimischen billigen Fusel zu pitschern.

Am *Strip* fallen die älteren Europäerinnen in Begleitung 30 Jahre jüngerer afrikanischer Beachboys auf. In Gambia dürfen auch alte Damen wieder jung sein! Und die „Bumster“, so werden die attraktiven, jungen Gentlemen hier genannt, setzen auf ihre muskulös-definierten Körper und ihren Charme, um ein oder zwei finanziell entspannte Wochen oder gar das große Ticket nach Europa zu ergattern. War im Senegal die Mehrheit der Pensionärinnen aus Frankreich, so überwindet in Gambia auch das skandinavische und britische Publikum die Sprachbarriere. Doch auch ältere Herren finden eine Begleitung. Das Geschlechter-Verhältnis dieser speziellen Tourismus-Variante wird auf 9:1 zu Gunsten der europäischen Damenwelt geschätzt. Auch Deutsche müssen darunter sein, wie meine Gehörgänge schmerzhaft registrieren, als der Barkeeper seinen Giftschrank öffnet und Raritäten ausgräbt. „Hier ist Berlin!“ Eine verstaubte Schlagerkassette leiert „Rote Lippen soll man küssen“ oder „Santa Maria“ herunter und versetzt das schon ein wenig verblühte Publikum zurück in die Ära Dieter Thomas Heck.

Das „Sukuta-Camp“ ist dagegen der Gambia-Stützpunkt für die sonnenverbrannten Haudegen der Überlandreise. Fast ausnahmslos mit eigenem Fahrzeug ausgestattet, werden im Camp fleißig Batterien geladen, Kriechströme gemessen, an Lichtmaschinen gefummelt, Anlasser gewechselt und Sandbleche montiert. Ein schlaksiger Charité-Arzt ist für ein paar Tage mit seinem Kumpel eingeflogen, um einen alten Unimog für die nächste größere Tour fit zu machen. Frank, ein Siegerländer, der zahlende Gäste durch Afrika fährt, bringt seinen Toyota in Schwung. Die vier letzten Mohikaner einer kleinen Charity-Rallye haben in Banjul ihre Autos für einen guten Zweck versteigert. Alle scheinen ihr Fahrzeug bis hin zur Teilenummer vom Kreuzgelenk der Kardanwelle aus dem Effeff zu kennen. Tagsüber sieht man nur ihre Beine, der Rest steckt unter ihren Wagen. Erst am späten Nachmittag tauchen dann auch ölverschmierte Hände und Gesichter beim Bier auf.

„Noch vor 20 Jahren war das Sukuta-Camp mitten im Busch“, erzählt Joe ein wenig wehmütig. Mittlerweile hat der wuchernde Moloch Serekunda das Camp gefressen. Die sonnengegerbte, ergraute Version von Hardy Krüger managt gemeinsam mit seiner Frau Claudia diese Oase der Ruhe im afrikanischen Trubel. Mit hohen Mauern, deutscher Gründlichkeit und einer Portion Gelassenheit gelingt es Claudia und dem energiegeladenen Joe, eine Enklave mit Struktur im fröhlichen Chaos zu schaffen.

Manchmal sehr deutsch: Als ich eintreffe, ist gerade der akribische Baumschnitt in Arbeit. Es existiert ein kompliziertes, ausgefeiltes Preissystem. Eine lange Liste von Extras kann zugekauft werden. Der WLAN-Zugang wird pro Tag und Gerät, das Telefon nach Einheiten, die warme Dusche nach Minuten abgerechnet. Kreditkartenzahlung mit fünf Prozent Zuschlag möglich, das Abendessen bitte bis 10 Uhr morgens vorbestellen! Aber die Organisation, die Unterstützung und Betreuung der Gäste ist hervorragend. Reisende können in Sukuta ihren Wagen auch bis zur nächsten Saison stehen lassen, falls sie die 6.000 Kilometer bis in die Heimat nicht zurückfahren wollen. Bei Bedarf sucht Joe auch einen Käufer für dein Fahrzeug. Trotz Hang zu deutscher Kleinkrämerei ist Sukuta der perfekte Ort, um Fahrzeuge zu reparieren, Papierkram in Ordnung zu bringen und gleichzeitig ein wenig zu entspannen.

Ob beim Frühstück oder beim Feierabendbier: Abgebrühte *Overlander* diskutieren in Sukuta über die Zollformalitäten in Mali oder die Verkabelung ihrer Zusatzbatterien. Vor der nahenden Regenzeit ist das heutige Tagesthema die Tiefe der Schlammlöcher auf dem Schwarzen Kontinent. „Im Durchschnitt 3,50 Meter. Mein Wagen war 2,80 Meter hoch und wenn ich mich auf den Sitz gestellt habe, konnte ich aus dem Dach heraus gerade so die Böschung sehen", berichtet Frank von einer Tour nach Benin. Das wird deutlich getoppt vom Rekordhalter, einer legendären 21 Meter tiefen Grube in der Demokratischen Republik Kongo. Die berüchtigten „Mud holes" entstehen in der Regenzeit, weil die Trucks immer wieder an gleicher Stelle mit maximaler Power und durchdrehenden Reifen durch den Schlamm pflügen, um das rettende Ufer zu erreichen. Dabei gräbt sich jeder Truck im Dauerregen ein Stück tiefer ein. Das Ergebnis ist oft eine ziemliche Schweinerei. Schwere Lastwagen müssen im tiefsten Matsch komplett entladen, dann mit schwerem Gerät aus dem Pfuhl herausgezogen und wieder neu beladen werden. Oft muss dieses Prozedere von Schlammloch zu Schlammloch wiederholt werden. Ein unsäglich mühseliges Geschäft. Joe erzählt von einem Biertransporter der Bralima Brauerei in Kisangani, der bis zum Dach des Führerhauses im Schlamm steckte und erst neun Monate später in der Trockenzeit wieder frei gemeißelt werden konnte. Wie das Bier nach Monaten im Tonmantel schmeckte, ist nicht überliefert. Seemannsgarn? Wer weiß, aber sehr unterhaltsam.

Auch die aktuelle politische Situation kommt auf die abendliche Stammtisch-Agenda. Anfang 2017 ist in Gambia eine neue demokratische Regierung ins Amt gekommen. Die vorherige Regierung führte Lieutenant A.J.J. Jammeh diktatorisch. Der Unsympath hatte sich 1994, im zarten Alter von 29 Jahren, an die Macht geputscht. Im Museum sehe ich Fotos von ihm. A.J.J. Jammehs Coolness ist galaktisch und kaum zu toppen: Gleichgültiger Ausdruck um die Mundwinkel, die dunkle Sonnenbrille verdeckt das halbe Gesicht, das rote Barett sitzt leicht schräg. Sehr keck! Auch die Gangster-Rapper können das nicht besser. Müsste ich die Karikatur eines Diktators zeichnen, A.J.J. Jammeh käme ihr verdammt nahe. Auch ohne Worte gibt seine Mimik auf Portraitfotos den Untertanen knallhart zu verstehen: „Ich bin gefährlich! *Nope,* ich bin kein fürsorglicher Landesvater! Und lasst mich bloß mit Eurem Kram in Ruhe, während ich damit beschäftigt bin, das Land zu plündern!" Wie in der Camp-Runde erzählt wird, baute Jammeh in dem kleinen Land einen allwissenden Inlandsgeheimdienst und ein heimtückisches Drogendezernat auf. Nach Drogen wurde selten gefahndet, unliebsamen Bürgern oder Journalisten aber umso häufiger welche untergeschoben. Angeblich gab es kein Geschäft in Gambia, in dem der Bösewicht nicht seine schmutzigen Pfoten hatte. Gefiel A.J.J. auf einer seiner Inspektionsreisen durchs Land ein Unternehmen oder eine Hotelanlage, gab es von seiner Entourage sofort ein Angebot, das der Eigentümer besser nicht ablehnen sollte. 2017 ist er etwas unvorsichtig geworden. Nachdem er mehrfach als Präsident wiedergewählt wurde, vergaß er im Vorfeld der letzten Wahl, genügend Stimmen zu kaufen und die Fälschung des Wahlergebnisses ordentlich vorzubereiten. Überraschenderweise hatte plötzlich eine Sieben-Parteien-Koalition unter einem gewissen Barrow die Nase vorn. Mr. President schüttelte sich kurz, gab aber nicht klein bei. Mehr als 40 Tage standen die Dinge in Gambia Spitz auf Knopf, das Land hielt den Atem an. Kommt die neue Regierung ins Amt oder treibt Jammehs Militär dem Volk die demokratischen Flausen aus? Ausländer gingen vorsichtshalber außer Landes, denn „afrikanische Soldaten sind nicht furchtsam, wenn es darum geht, auf unbewaffnete Zivilisten zu schießen", so Sukuta-Joes zynischer Kommentar.

Doch dem neu gewählten Präsidenten Adama Barrow gelang es – wenn auch nur äußerst knapp – den Häschern seines Vorgängers zu entkommen. Per Flugzeug, in das ihn ein senegalesischer Diplomat geschmuggelt hatte. In der gambischen Botschaft im Senegal wurde er dann vereidigt. Erst auf Druck einer Koalition westafrikanischer Staaten, die dem kleinen Gambia mit dem Einmarsch drohten, gab Jammeh schließlich nach, als eine nigerianische Fregatte schon die kurze Küste blockierte und senegalesische Truppen die Grenze überschritten hatten. Gambia hätte den Armeen mehrerer westafrikanischer Staaten wenig entgegenzusetzen gehabt. Jammeh konnte das Land, wenn auch etwas überhastet, verlassen. Ihm blieb gerade noch genügend Zeit, um auf dem Weg zum Flughafen die Zentralbank zu plündern.

Die multinationale Aktion mehrerer Länder zur Durchsetzung demokratischer Wahlergebnisse bleibt ein ermutigendes Beispiel dafür, dass auch die westafrikanischen Staaten Positives bewirken können. Zum neuen Präsidenten sind die Meinungen inzwischen gespalten. Spreche ich mit Taxifahrern oder Arbeitern, den Menschen auf der Straße, so sind sie voll des Lobes. Ein Wirtschaftsaufschwung hat eingesetzt. Gambia hatte während Jammehs Herrschaft viele Einwohner ins Ausland verloren. Meist die dynamischsten mit der besten Bildung und dem größten Unternehmergeist. Einige dieser „Wirtschaftsflüchtlinge“ kehren jetzt zurück. Das Geld von Gambiern im Ausland fließt wieder in die Heimat und hat dort einen Bauboom ausgelöst. Ausländische Firmen trauen sich nun vorsichtige Investments zu tätigen. Also gibt es ein Kongresszentrum, das keiner braucht, mehr hässliche Zementblöcke, mehr Wellblech und mehr Lastwagen, die jetzt 20 statt 50 Jahre alt sind. Die hier ansässigen Ausländer haben einen deutlich pessimistischeren Blick auf die Dinge. Sie glauben, Barrow muss sich erst ein wenig etablieren, bevor er es wagen kann, sich in ähnlichem Umfang wie sein Vorgänger die Taschen zu füllen. Geheimdienst und Drogenpolizei gehorchen nun dem neuen Herrn. Das Gras, das Serekundas Rastas versorgt, wird weiterhin von der Armee aus der Casamance ins Land geschmuggelt. Und zur Frage, wo denn nun die 225 Millionen Euro Soforthilfe zur Re-Kapitalisierung der gelünderten Zentralbank geblieben sind, fällt Barrow nur achselzuckend ein: „Ich weiß es auch nicht!" Wer denn sonst? Insider behaupten, eine der ersten Amtshandlungen der neuen Regierung sei die Zulassung von Kasinos und Wettbüros gewesen – immer eine super Sache, wenn ein bisschen Geld gewaschen werden soll. Innerhalb von zwei Monaten nach Amtsübernahme seien Fischerei- und Öl-Bohrrechte in Hinterzimmern an Unbekannt verscherbelt worden. Ich wünsche Mr. Barrow weise Berater, die den Personenkult zurückdrängen und dem Überraschungssieger einen Weg zu guter Regierungsarbeit weisen, die Menschen und Land wirklich voranbringt. Oder im Fall Gambias einfach erst einmal wieder dahin, wo das Land vor 25 Jahren schon war, schenke ich den Tourismusmanagern Glauben.

Da in dieser Weltgegend viele große Ströme am Weg liegen, könnte ich vielleicht auch mal einen auslassen. Aber nicht den Gambia-River! Auf der Reise nach Süden sind die gigantische Lebensader und das Land, die selbst ernannte „Smiling Coast", ziemlich penetrant im Weg – besonders den Senegalesen. Deren südlicher Landesteil ist nur auf enormen Umwegen über Land oder mit dem Schiff zu erreichen, wollen sie Gambia nicht durchqueren. Trotz des undurchschaubaren Fahrplans der spärlichen Flussschifffahrt, die angeblich täglich, in zwei Wochen oder doch erst nächstes Jahr wieder stromaufwärts ablegt, möchte ich noch etwas vom Leben am großen Strom sehen. Ich erspare mir Kunta Kinteh Island, die Insel auf der Alex Hailey sein Epos „Roots" angesiedelt hat. Trotz Welterbestatus. Die Aussicht auf langes Anstehen und Busladungen amerikanischer Touristen auf den Spuren von Kunta Kinteh locken mich nicht gerade. Stattdessen fahre ich mit dem Expressbus sieben Stunden nach Janjanbureh. Der alte Handelsplatz 300 Kilometer stromaufwärts hieß bis 1995 Georgetown. Seit dem Morgengrauen habe ich am Terminal in Serekunda gewartet, dass sich etwas bewegt – während der Fahrer zweieinhalb Stunden überlegte, ob er heute überhaupt fährt. Egal, denn es ist kühl und es wird Kaffee verkauft. Als er sich endlich entschieden hat, werden gemächlich die Passagiere registriert, 40 Tickets verkauft und in schwierigen Verhandlungsrunden der Preis für jedes einzelne Gepäckstück festgelegt. „Express" eben. Später stellt sich heraus, dass dafür der lehrreiche Schnellkurs „Kein Wagenheber zur Hand?

Reifenwechseln an schweren Fahrzeugen“ im Ticketpreis enthalten ist.

Nach der monotonen Stadtlandschaft Serekundas erfreut die offene grüne Savanne zunächst das Auge. Nur wenige schläfrige Dörfer sieht man abseits der Piste. Nicht sehr wohlhabend, eine Mischung aus niedrigen Zementquadern und grasgedeckten Hütten dösen in brütender Hitze. Doch auch Kilometer für Kilometer dorniges Buschwerk und sandige Böden werden irgendwann zum Einerlei – zumal vom breiten Fluss nichts zu sehen ist. Während ich im heißen Bus immer wieder einnicke oder über die feinen Differenzierungen bei der Gepäckpreisgestaltung für volle und leere 20-Liter-Kanister, eine Matratze oder ein Huhn sinniere, erreicht der Bus am Nachmittag endlich Janjanbureh. Ein längerer Gepäckmarsch über glühend heißen Sand bringt mich schweißgebadet ins Janjanbureh Camp. Hier werde ich mit den praktischen Auswirkungen der Politik Präsident Jammehs konfrontiert. „Die Perle am Gambia River“, aufgebaut von einem deutschen Aussteiger, wurde laut Berichten im Internet von einem Regierungsmitglied gestohlen. Oder mit juristischen Schlichen enteignet. Die Perle ist nun eine Ruine. Der Wassertank leckt, darunter hat sich ein See gebildet, einige Bungalows sind vernagelt, andere haben keine Fenster oder kein Dach mehr. Der Garten ist verwüstet und der Barbereich erholt sich wohl gerade von der Orgie des Vorabends. Das Anwesen macht den Eindruck, als wäre es erst kürzlich Ziel eines Bombenangriffs gewesen. Richtung Fluss ähnelt es eher einer Müllhalde. In den

Rabatten gestrandete Plastikstühle, gelbe Kanister liegen wild verstreut. Zu meiner Überraschung ist das Camp aber in Betrieb. Ich ertappe eine demotivierte Drei-Mann-*Crew* dabei, wie sie sich verschlafen im Schatten auf der Theke lümmelt, anstatt Ordnung in das Chaos vor dem Tresen zu bringen. Der genannte Übernachtungspreis auf dieser Müllhalde ist steil. Vielleicht hätte ich in den Glanzzeiten der Perle zum horrenden Preis zugeschlagen. Aber diese Hotelruine ist nicht das Waldorf-Astoria: Doch ich muss nicht einmal ablehnen, es reicht, mein Gegenüber mit offenem Mund sprachlos anzustarren. Allein mein entgeistertes Glotzen beschert mir umgehend einen 60-prozentigen Discount in der ehemaligen *Flagship*-Lodge! Äußerst verdächtig! Gestern sei noch eine Reisegruppe da gewesen und jetzt würde ja aufgeräumt, gibt der Boss zu bedenken. Nein, kühles Bier oder Wasser gibt es heute keins, das müsste erst aus dem Dorf geholt werden. Lodge und Angestellte bleiben mir suspekt und so fliehe ich unter dem wenig glaubwürdigen Vorwand, dass ich es mir noch überlegen werde.

Nur ein paar hundert Meter weiter führt Mr. Alagie Nyokeh in der Sensending Lodge ein strafferes Regiment. Der 23 Jahre alte, gebildete Mann im blütenweißen Polo-Shirt ist am Ort eine Fußball-Ikone – der angehimmelte Mittelstürmer des Dorf-Teams. Extrem zuvorkommend, eher introvertiert, versucht er mir jeden Wunsch von den Augen abzulesen. Sofort ist erfrischend kaltes Wasser auf dem Tisch und wir sind im Geschäft. Eine ordentlich getünchte, grasgedeckte Rundhütte mit silbrig glänzender

Wellblechtür ist die meine. Auch bei Alagie ist es ein wenig chaotisch. „Sensending“ bedeutet auf Mandinka, der lokalen Sprache, so viel wie Einfriedung oder Zaun. Doch bei der Namensgebung des Camps war wohl eher der Wunsch Vater des Gedankens. Rinder und Ziegen suchen beharrlich den Garten auf, um selbigen kahl zu fressen und werden immer wieder geduldig vertrieben. Weil eben die „Sensending“ fehlt. Deutlich widerspenstiger sind die grünen Meerkatzen, die schwungvoll durchs Gebälk tollen. Als ich mir einen Tisch unter den einzigen größeren Schattenspender ohne Zementeinfassung, den Mangobaum, rücke, bombardiert mich ein Bataillon der räuberischen Primaten mit angefressenen Mangos. Selbst unter einem schützenden Wellblechdach sind Mango-Einschläge aus 10 Metern Höhe erschreckend bedrohlich. Ich gebe mich geschlagen und räume das angenehm kühle Feld. Vielleicht doch mal eine „Sensending“ bauen?

Weiter stromaufwärts: Ländlicher Fährverkehr über den Gambia River

Strom für einen Ventilator gibt es keinen in der Lodge und WIFI sowieso nicht. Dafür aber Kerzenlicht und tolle Blicke auf den ruhig dahinziehenden Fluss. Als die Sonne über dem Gambia River untergeht, klingt vom anderen Ufer das Stakkato der Trommeln herüber. Ich sitze mit Alagie in schwärzester Nacht unter dem Sternenhimmel. Schnell sind wir uns über eine Bootstour am morgigen Tag einig und Alagie erzählt auf meine Nachfrage von Ninki-Nanka. Von dem Fabeltier habe ich in einem Internet-Blog gelesen und beschlossen, morgen nach ihm Ausschau zu halten.

„Ninki-Nanka? Klingt nach kuscheligem Plüschtier!“

Aber weit gefehlt!

„Nein, nein, Ninki-Nanka bedeutet ›Teufelsdrache‹, ein Drache, der im Fluss lebt“, korrigiert mich Alagie leicht genervt.

Scheinbar ist Ninki-Nanka für den rationalen Alagie ein blödsinniges Gesprächsthema, wie ich seinem Tonfall entnehme. Leider ist es so dunkel, dass ich Alagies Mimik nicht erkennen kann.

„Ein Drache, der Feuer speit?“

„No.“ Dass es sich um ein Fabelwesen mit spiegelnden Schuppen, halb Flusspferd, halb Krokodil handelt, verrät er mir aber dennoch.

Obwohl angeblich 30 Meter lang, ist es nicht einfach zu entdecken. Vor Jahren hat sogar eine Expedition von Drachenjägern erfolglos versucht, dem Phänomen auf die Spur zu kommen. Fast unnötig zu erwähnen, dass es sich dabei ausnahmslos um Briten handelte, wahrscheinlich eine Sektion der Loch-Ness-Veteranen. Tatsächlich fällt in Gambia auf, dass fröhlich im Fluss planschende Kinder, die es sonst in fast jeder Weltgegend gibt, fehlen. Vielleicht liegt das auch an ein paar Krokodilen, aber die gibt es anderswo genauso. Ist Ninki-Nanka also schuld an der Badeunlust in Gambia? Die Geschichte bleibt widersprüchlich. Die einen haben Angst vor dem „Hippodil" Ninki-Nanka, die Alten behaupten hingegen, wer es entdeckt, dem winken Reichtum und Wohlstand. Von Ninki-Nankas Untaten ist wenig bekannt. Alagie fällt jedenfalls keine ein. Mir erscheint das Ganze wie die Kopie des bereits in Schottland gut funktionierenden Marketing-Tricks. Was Touristenmassen in die Einöde der kargen Highlands lotst, funktioniert höchstwahrscheinlich auch in Gambia.

Nachdem wir schon über eine Stunde zusammensitzen, taut der ansonsten in sich gekehrte Koch des Camps auf und erzählt mir, dass er Dorfbewohner kennt, die sich auf den Weg nach Europa gemacht haben. „Nicht viele, aber einige." Um eine Perspektive auf ein besseres Leben zu haben, nicht wegen politischer Verfolgung. Die meisten, die aufbrachen, hätten nicht meine Route, sondern die gefährlichere, aber günstigere durch Mali und den Niger nach Libyen gewählt. Oft hören die Familien dann monatelang nichts von ihren Lieben, wissen nicht, ob es ihnen gut geht oder ob sie vielleicht im Mittelmeer ertrunken sind. Manchmal kommen Anrufe aus schaurigen Verließen in Libyen, als Soundtrack die Schreie der Mitgefangenen im Hintergrund, berichtet er leise. Bettelarme Flüchtlinge werden als Geisel genommen und die Dorfgemeinschaft daheim muss zusammenlegen, um sie auszulösen. Lösegeld, das in Janjanbureh dringend fehlt. Aber trotz der Lebensgefahr machen 50 monatlich in die Heimat geschickte Euro für eine Großfamilie in Gambia den Unterschied. Selbst wenn die nur für ein, zwei Jahre fließen. Auf die, die es nach Europa geschafft haben, ist das Dorf mächtig stolz, obwohl unser scheuer Koch diesen Weg nicht wählen würde.

Mittlerweile ist das Bier warm. Alagie freut sich auf eine holländische Reisegruppe, die in ein paar Tagen kommt. Dann gäbe es auch wieder Rotwein. Den mag er sehr. In Gambia sind 90 Prozent der Bevölkerung Moslems. Ich frage ihn, wie Alkohol und Islam zusammenpassen, doch Alagie guckt mich nur entgeistert an. Ja, wieso denn nicht? Dass es islamische Länder wie Saudi-Arabien oder Mauretanien gibt, in denen Alkohol strikt verboten ist, will er nicht glauben und hört angeblich zum ersten Mal davon. „Wieso? Die Moslems in Gambia trinken doch viel mehr als die Christen!", verblüfft er mich. Ich lasse das unkommentiert und hoffe, dass die gambischen Moslems vor ihrer *Hadj* nach Mekka vom Reiseveranstalter gut über die Gepflogenheiten im Zielland informiert werden.

Der folgende Tag am Oberlauf des majestätischen Gambia River ist tiefenentspannt. Kein Schiffsverkehr, kein dröhnender Dieselmotor stört. Langsam gleitet unser Boot im kontrastreichen Morgenlicht den stillen Strom entlang, noch bevor die Hitze unerträglich wird. In der dichten Ufervegetation wimmelt es von elegant staksenden Reihern. Ein leuchtend kobaltblau-orangefarbener

Eisvogel beobachtet uns neugierig aus der Distanz und auch die besonders elegante schwarz-weiße Variante eines *Kingfisher* lässt sich blicken. Horden von Meerkatzen widmen sich ihrer Lieblingsbeschäftigung und plündern ungeniert Mangobäume, während die größeren *Red Colobus*, rote Stummelaffen, wachsam auf Abstand bleiben. Mehrere Flusspferde beäugen uns misstrauisch aus der Distanz. Zwei Ohren aus dem Wasser, dümpeln sie träge in den Fluten, bis sie ohne erkennbaren Grund explodieren, ihren massigen Körper in die Höhe katapultieren und eindrucksvoll demonstrieren, dass unser Boot in ihrem Revier nichts zu suchen hat. Im seichten Wasser am Ufer finden sich Spuren der Zivilisation in Form von Stellnetzen der Fischer. Der aufgedunsene Körper einer Python treibt an der Wasseroberfläche, der Kopf unter Wasser gut sichtbar. Nach einer letzten, offensichtlich üppigen Mahlzeit verfing sie sich in einem der Netze. Beim verzweifelten Versuch sich zu befreien, strangulierte sich das schön gemusterte Tier mit seinen ungeheuren Kräften offenbar selbst. Nur ein paar Meter weiter dreht sich, mit einem Strick am Ast eines Mangobaums befestigt, eine skelettierte Meerkatze langsam im Wind, der lange Schwanz in Leichenstarre diagonal nach oben gestreckt. Eine Methode der Einheimischen, die Meerkatzen daran zu erinnern, doch bitte ihre Mangos in Ruhe zu lassen. Nur Ninki-Nanka lässt sich nicht blicken.

CASAMANCE
Ein letztes Stück Senegal

Auf dem Weg in die Casamance bin ich noch einmal Passagier der degenerierten Expressbuslinie mit dem Hang zur Entschleunigung. In Kürze: Nicht lange nach dem Start verliert der Bus mit lautem Getöse undefinierbaren Krempel vom Dach. Selbstverständlich fahren wir weiter – vielleicht hat es ja niemand gemerkt. In Folge braut sich im Bus ein Aufstand zusammen, der den Fahrer zwingt zu drehen und die fünf Kilometer zum Ort der Havarie zurückzufahren. Dort wird das Ding, ein dubioses Holzgestell, eine Mischung aus selbstgebautem Bett und zu niedrigem Hühnerstall, von den kritischen Blicken der versammelten Reisenden begutachtet, als Totalverlust verbucht und mit ein paar Fußtritten ins Unterholz befördert. Ohne weitere Zwischenfälle ist dann Soma schnell erreicht. Von hier geht es einen Kanonenschuss weit zur südlichen Landesgrenze. Die korpulente Grenzbeamtin dort könnte ein „Cadeau" gebrauchen, um sich besser an mich zu erinnern, wie sie mir breit grinsend zu verstehen gibt. Aber a) habe ich kein Geschenk mehr, b) hat mein Sonderbudget Bestechungsgelder schon die mauretanische Grenz-Mafia in Rosso kassiert und c) ist es nicht erforderlich, dass sich Grenzbeamtinnen an mich erinnern. Doch es geht auch ohne Geschenk für die schmollende Uniformierte über die Grenze.

Die Casamance, das gelobte Land! Überall im Senegal spricht man von der Casamance wie vom Garten Eden. Es ist wieder ein breiter Strom, der einer Region, in der Milch und Honig zu fließen scheinen, seinen Namen gibt. Um an diesen magischen Ort zu gelangen, müssen die Bewohner des Nord-Senegal fast zwangsläufig durch Gambia. Ein paar Kilometer hinter der Grenze wandelt sich die Landschaft augenblicklich. Die Savanne wird grüner und von tropischer Vegetation abgelöst, Mangroven und trocken gefallene Überschwemmungsgebiete rücken ins Sichtfeld. Nur die Staatsmacht stört im Paradies. Aus Polizisten werden in der Casamance Soldaten, aus Stöckchen Kalaschnikows.

In vielen Ländern Westafrikas sind Polizeikontrollen auf offener Strecke nichts Ungewöhnliches. „Les-mangent-milles" werden die Polizisten im Senegal genannt. Die „Tausender-Fresser", da bei allen Kontrollen natürlich kleine Scheinchen den Besitzer wechseln. Nach einer Pseudo-Prüfung des Papierkrams, gefolgt von einem Blick in die Fahrgastzelle, wird das Fahrzeug meist zügig durchgewinkt. Vorher wandert jedoch die „Straßenbenutzungsgebühr" vom Fahrer zu den Beamten. Meist verschämt und schlecht getarnt, ein paar Meter abseits an der Böschung, mit dem Rücken zum Wagen – das gebieten Anstand und Ehre der Polizisten, vielleicht auch ein paar Anti-Korruptionsgesetze. Doch jeder Passagier weiß, was da gerade abläuft. Eine Überprüfung der Fahrtüchtigkeit des Vehikels wäre sicherlich sinnvoller, aber auch eine abendfüllende Beschäftigung. Diese Routinen ändern sich nun in der Casamance. Zweimal müssen wir auf dem Weg in die Provinzhauptstadt Ziguinchor das Fahrzeug verlassen und die Pässe vorzeigen, das Gepäck wird durchsucht. Kontrolliert von Soldaten im Drillich, deren automatische Waffen deutliche Gebrauchsspuren aufweisen. Denn in der Casamance leben die Diola, ein rebellisches Völkchen. Die Diola verfolgen das Prinzip: „Du sollst neben deinem Häuptling keine weiteren Häuptlinge haben". Der Häuptling und nicht die Polizei, die Regierung oder gar das Finanzamt sind für den weltlichen Rahmen zuständig. Das Spirituelle regelt ein Fetischpriester, aber bitte nicht irgendwelche Leute, die meinen, mit Mohammed oder Jesus in Kontakt zu stehen. Mit diesen Ansichten haben sie sich in den letzten 500 Jahren bei Portugiesen, Franzosen und senegalesischer Zentralregierung gleichermaßen unbeliebt gemacht (und sich oft eine blutige Nase geholt).

Die Diola leben in einer Art archaischer Kollektivgesellschaft, der eine staatliche Ordnung nur schwer überzustülpen ist. Manche Soziologen behaupten, dass sie Marx und Engels vorweggenommen haben. Der militärische Arm des Stammes, die MFDC, verhält sich angeblich schon seit Jahren ruhig, versteckt sich vielleicht auch einfach nur in den Wäldern. Es gibt unwegsame Gegenden, die für Reisende und wohl auch Einheimische *off-limits* sind. Was wiederum dazu führt, dass der senegalesische Staat in der Casamance seine harte Hand zeigt. Trotzdem bin ich neugierig, hoffe, noch etwas von den althergebrachten Lebensformen der Diola zu sehen.

In der Casamance angekommen, fühle ich mich erschöpft und ein wenig afrikamüde. Meine Schulter schmerzt, meine Bandscheiben ächzen, meine juckenden Knöchel sind seit Tagen von irgendwelchen Stichen angeschwollen und mein linker Zeigefinger hat ein Insektengift abgekriegt, das ihn taub und gefühllos macht. „No country for old men“, schießt es mir durch den Kopf. Und in der Casamance sind auch kaum welche zu sehen, also alte Männer. Wohl dahingerafft von Krankheit und harter Arbeit oder einem Straßenverkehr, der Schicksal und Vorsehung mehr vertraut als vorausschauender Fahrweise. Mehr als 40 % der Bevölkerung des Senegal sind jünger als 15 Jahre. Mit dieser „Hausnummer“ im Hinterkopf wird greifbar, was „viele Kinder“ oder „Bevölkerungsexplosion“ bedeutet.

Der *Toubab,* also ich, braucht für ein paar Tage eine ruhige Oase ohne durchgelegene Matratze. Da er nach hiesigen Verhältnissen ja schon in einem fast biblischen Alter ist, sollte ihm das zustehen. Strom und fließendes Wasser wären auch schön, dazu eine Mauer, die ungebetene Gäste und allzu geschäftstüchtige Passanten fernhält. Und so mache ich es mir für ein paar Tage am Traumstrand von Cap Skirring bequem, werde faulenzen und den Rosé des Chefs trinken.

Cap Skirring ist der letzte Vorposten des Senegal. Das Dorf besitzt einen Flughafen, auf dem wöchentlich zwei Flüge aus Europa landen. Die ersten Pauschalurlauber seit Marokko wirken auf mich hier völlig deplatziert, der Kontrast zwischen Luxusleben und einem von Mangel und Armut geprägten Umfeld scheint obszön, die nächtliche Szenerie von Kleingruppen aufgeputzter Urlauber in weißer Sommerhose mit schicker Bluse, die in einem unansehnlichen afrikanischen Dorf die Schlaglöcher umkurven, völlig schräg. Die Zahl der Pauschaltouristen ist jedoch überschaubar, verliert sich tagsüber an den lan-

Geier am Strand – immer auf der Jagd nach Verwertbarem

gen Traumstränden. Es bleibt genug Platz für Fischer, Kühe und die lokale, nicht minder hässliche Variante des Kurzhals-Geiers. Moralisches Empfinden ist sehr persönlich. Eben noch rümpfe ich die Nase über das massierte Luxusleben, schon lasse ich mich selbst durch die Aussicht auf eine Lasagne und ein Mousse au Chocolat in einem der Restaurants mit westlicher Küche kaufen.

Jeder Tag in Afrika bringt eine Überraschung. Heute sind es Klempnerarbeiten. Nachdem ich mich frühmorgens klammheimlich zur Konkurrenz um die Ecke gestohlen habe, um dem trockenen Frühstück meiner Unterkunft durch ein genauso trockenes beim Nachbarn zu entkommen, ist bei der Rückkehr rege Bauaktivität in meinem Zimmer ausgebrochen. Und ich habe vorher nicht aufgeräumt! Mein Bad ist eine Baustelle. Die Wand ist aufgestemmt, Putz, Fliesen und Mörtel liegen auf dem Fußboden, daneben Schläuche und Armaturen, eine

Bohrmaschine und Dichtmasse warten auf ihren Einsatz. Durch eine Staubwolke hindurch grinst mich ein kräftiger Klempner, unterstützt vom Faktotum des Managers, fröhlich an. Besser niemanden fragen, einfach machen, der Handwerker muss ein Diola sein! Schade um meine frisch gewaschene Wäsche, die nun eine Staubkruste ziert. Auf einer Baustelle habe ich heute nichts verloren. Also statt Chillen auf nach Carabane, einer alten Handelsstadt auf einer Insel im Mündungsgebiet der Casamance. Leider finde ich niemanden, der genau weiß, wie ich am besten dorthin komme.

„Es gibt ein Passagierboot an vier, fünf Dörfern vorbei den *Bolong* hinauf. Startet an der Pont Katakalousse", glaubt der ruppige Manager meiner Unterkunft.

„Ein Passagierboot? Nein, es gibt kein Passagierboot mehr, du musst privat eins mieten!", widerspricht ein ansonsten unbeteiligter Zuhörer mit unklarem Geschäftsbereich.

Ich frage nach den Kosten für die private Bootspartie.

„Was das kostet? 25.000 CFA oder vielleicht auch 70.000 CFA?".

Bedeutet: „Keine Ahnung".

Angesichts dieser Gleichung mit vielen Unbekannten und der recht breiten Preisspanne pfeife ich sicherheitshalber auf die lange Flussfahrt den *Bolong*, wie die Altarme der Flüsse zum Meer genannt werden, hinauf. Ich beschließe, mich Carabane auf dem Landweg zu nähern, zunächst mit einem Buschtaxi via Elikine. Wie so oft ist der Weg das Ziel. In Elikine beginnen dann komplizierte

Preisverhandlungen mit Arfan, dem Fährmann. Diesmal ist nicht von einer „Balade en pirogue" die Rede. Die Verhandlungen mit dem bulligen Bootsmann im Trikot der senegalesischen Nationalmannschaft verlaufen hart. In meinen Ohren klingt es, als würden wir uns gegenseitig beleidigen und auf eine Prügelei einstimmen.

„Ey Mann, du bist verdammt spät dran für Carabane. Ich kriege jetzt 25.000 CFA und dann knattern wir nach Carabane, kaufen unterwegs Sprit. Auf Carabane hast du zwei Stunden und wenn dir der Preis und mein Reiseplan nicht passen, dann bleib halt mit dem Hintern hier!"

„Vingt mille? Ähm, vielleicht 20.000 CFA?"

„Vingt-cinq! 25.000, keine Widerrede!"

Also knapp 40 Euro, mehr als zwei Übernachtungen! Im gestreckten Galopp geht es am Strand entlang vorbei an Stapeln frisch gefangener Rochen. Später im Boot erzählt mir Arfan, dass Nigerianer und Ghanaer in Elikine Rochen und Haie aufkaufen. Bei den Senegalesen stehen diese Fischarten nicht auf der Speisekarte, erklärt er, mit drastischen Würgegesten untermalt. In den beiden afrikanischen Ländern weiter östlich sind sie aber unverzichtbare Zutaten für verschiedene Variationen des National-gerichts *Fufu* – einem Brei aus Kochbananen und Yams oder Maniok. Also werden Haie und Rochen in Elikine durch Pökeln haltbar gemacht und dann per Lastwagen tausende von Kilometern quer durch Afrika gefahren. Es scheint, als ob die ganze Welt um die letzten reichen Fischgründe rangelt.

Arfan macht zunächst schnell eine Piroge klar. Das heißt, er fragt herum, wer ihm sein Boot vermietet, treibt in der Kneipe nebenan einen Motor auf, watet mit dem Motor auf der Schulter durchs Wasser zum Boot und montiert ihn. Alles im Laufschritt. Der Mann mit der Figur eines Schwergewicht-Boxers hat eine bemerkenswerte Konstitution. Dann noch schnell den 60-Liter-Benzinkanister durchs flache Wasser zum Boot schleppen. An Bord wird ein Schlauch in den provisorischen Deckel des Kanisters montiert, der Kraftstoff mit einer selbstgebauten Handpumpe, die einem Blutdruckmessgerät ähnelt, angesaugt. Schon läuft der Motor. Natürlich nur bis zur nächsten Tankstelle. Niemand in Afrika hat volle Tanks. Leider hat die Tankstelle keinen Sprit. O.K., wir schaffen es auch noch zur übernächsten, einer Zapfsäule im Sand am Ufer. Hier wird der Kanister wieder demontiert, auf der Schul-

Moschee und ausgestorbener Dorfplatz in der Nachmittagshitze

ter durch brusthohes Wasser zum Strand und gefüllt deutlich schwerer zurückgeschleppt. Dank meines Vorschusses mit vollem Tank – oder wahrscheinlicher gerade der Menge, die soeben reicht, um hin- und zurückzukommen – geht es mit einem schnaufenden *Captain* Arfan endlich los. Vorbei an endlosen Mangroven erreichen wir die weite Wasserfläche, wo sich der breite Strom zum Meer öffnet. Im Boot steht inzwischen ordentlich Wasser, aber der Pegel steigt nicht. Dafür riecht es penetrant nach Benzin – ich werde an Bord besser nicht rauchen.

Heute leben in Carabane noch knapp 500 Menschen. Die überdimensionierte Kirche und eine etwas kleinere Moschee passen nicht unbedingt zur Bevölkerungszahl des verschlafenen Ortes. Mit Carabane ist ein weiterer geschichtsträchtiger Ort, einst Herz von Sklavenhandel und mächtiger Kolonialverwaltung, in der Bedeutungslosigkeit verschwunden. Das Leben ist weitergezogen. Dafür haben Ruhe und Beschaulichkeit diesen Flecken Erde zurückerobert, Carabane bleibt der Horror des urbanisierten Afrikas erspart. Unter großen Affenbrot- und Kapokbäumen gehen die Menschen einfachen Tätigkeiten wie dem Wäschewaschen oder der Zubereitung von Mahlzeiten nach. Arfan scheint hier jeden zu kennen. Er stellt mir den Bruder seines Großvaters vor, einen zufriedenen alten Mann, den nichts aus der Ruhe zu bringen scheint. Selbst die Kinder treten hier einmal nicht in Heerschaaren auf, wahrscheinlich suchen sie ihr Glück schon in jungen Jahren anderswo. Zwischen einfachen Hütten mit Grasdach zerfällt das koloniale Erbe von Franzosen und Portugiesen.

An der *École Spécial* erhielt die Jugend des Landes gerade so viel Wissen, um niedrige Tätigkeiten für die Kolonialherren ausüben zu können. Bis 1953 arbeitete man hier pädagogisch mit Methoden für „aufsässige Strafgefangene". Heute liegt die *École* in Trümmern. Der französische Friedhof döst im Dornröschenschlaf. Eine brusthohe Trommel ziert die Mitte des Dorfes in einer Hütte mit Grasdach – wie bei uns früher die öffentlichen Fernsprecher, nur nicht gelb angestrichen. Leider nagt auch an den Stränden Carabanes der Zahn des steigenden Meeresspiegels. Teile des Strandes sind mit einer hässlichen Treibholzkonstruktion, Sandsäcken und alten Autoreifen provisorisch befestigt. Arfan führt mich in eine kleine Strandbar gleich nebenan. Deren Name beschreibt das Phänomen ganz gut: „Les Pieds dans l'eau" – die Füße im Wasser. Bedrohlich für die Bewohner, nicht vorteilhaft für die Betreiber einfacher *Campements.* Zwei Schwestern führen die kleine Bar und hoffen auf Umsatz. Ich trinke ein verfrühtes „Gazelle", Arfan eine Sprite – schließlich muss er noch fahren. Wenig Aussicht auf bescheidenen Wohlstand: Heute sind wir die einzigen Kunden der Schwestern, die einzigen Gäste in Carabane.

Am späten Nachmittag drängt Arfan zum Aufbruch. Wie schon in Gorée bedauere ich, nicht länger im friedlichen Carabane, diesem bezaubernden, aus der Zeit gefallenen Ort, bleiben zu können. Mit Einbruch der Dunkelheit könnten mir jedoch die Buschtaxen für den Heimweg ausgehen. Auf der Rückfahrt erzählt mir Arfan von anderen Orten in der Gegend. Von Ourong, der Zentrale der Tam-Tam-Buschtrommeln, offensichtlich so etwas wie die ehemalige Verteilerstation für Ferngespräche. Und von einem Ort, den er *Devil's Island* nennt. Die Einheimischen dort würden ihre Toten nur auf den benachbarten Inseln bestatten, das wäre Teil ihres Paktes mit dem Teufel. Was der Teufel als Gegenleistung herausrückt, weiß er nicht. Je länger wir sprechen, desto mehr Orte finden sich, die es noch zu entdecken gibt.

Wieder in Elikine takeln wir das Boot ab. Ich sitze auf einer niedrigen Zementmauer und warte auf Arfan. „Ach, übrigens", wenn ich schon auf der Mauer säße, sollte ich doch mal einen Blick hinter mich werfen, rät mir Arfan lauthals lachend. Ich drehe den Kopf, blicke in ein etwa ein Meter tiefes Zementbecken. Sofort mache ich einen Satz nach vorn. Was ich für den aufgegebenen Rohbau eines Swimmingpools gehalten habe, ist der Aufbewahrungsort für ein paar prächtige Krokodile, die im Schatten des ummauerten Beckens teilnahmslos vor sich hindösen. „Keine Angst, die sind nur zur Belustigung von Einheimischen und Touristen und werden gut gefüttert – meistens jedenfalls!" Die Verabschiedung fällt nun deutlich weniger schroff als die Begrüßung aus.

Seit meiner Ankunft in Cap Skirring hat mich das vage Gefühl ergriffen, dass sich Sehenswertes und Geheimnisvolles in den schönen Wäldern gleich hinter dem Strand – und nicht erst in Carabane – verbergen muss. Aber scheinbar möchten die Einheimischen das vor mir verstecken. Reisende, die ich nach potenziellen Ausflugszielen frage, sind ratlos. Ja, auch sie würden gerne ein bisschen

Buschtaxi, 1B-Zustand, abfahrbereit – nur die Passagiere fehlen noch

Welcome to my beach bar!

Wenig Kundschaft für die Strandhändlerinnen

mehr von Land und Leuten sehen, wenn sie schon einmal den langen Weg nach Westafrika gemacht haben. Nur wo? Die örtliche Werbeindustrie beschränkt sich auf Angeltouren und die lokalen Wasserlöcher. Mein Gastgeber pflegt die Attitüde des genervten Chefs. Scheinbar wollen alle hier sein Bestes. Sein Geld. Auf meine wiederholten Fragen nach Zielen in der Umgebung erklärt er fast schon abweisend, dass sein Camp hier das Highlight sei. Er weiß genau, dass er mir mehr Weißwein verkaufen kann, wenn ich auf seiner Terrasse herumlungere, anstatt durch den Busch zu latschen. Außerdem scheint er mit seiner wirtschaftlichen Situation ganz zufrieden. Mehr Angebot bedeutet womöglich auch mehr Arbeit, gibt er mir zu verstehen. In seinen Augen ist Cap Skirring doch schon der geilste Ort der Welt, in Anbetracht der „Touristenmassen", die sich durch die Gassen wälzen. Wozu da noch Ausflüge anbieten? Der Vergleich mit anderen internationalen Tourismuszielen offenbart die sehr optimistische Selbstwahrnehmung des Chefs. Nein, Cap Skirring hat sein Potenzial weder über- noch ausgereizt, ist weder die Côte d'Azur noch der Ballermann, eher die Lausitz in der Nachsaison. Da ginge mehr, würde ein entsprechendes Angebot geschaffen. Und Cap Skirring ist nur ein winziger Ort an der langen Küste der Casamance. Oft könnte ich wahnsinnig werden: Ich sehe viele Möglichkeiten, aber es fehlt die Initiative, Projekte anzustoßen, Angebote und Qualität selbst zu schaffen. Jeder scheint auf Geld zu warten, das nach völlig unbekannten Gesetzmäßigkeiten vom Himmel fällt, schicksalhaft in den Ort tröpfelt – oder eben nicht.

Aber bei mir läuft es jetzt scheinbar! Schon am Morgen nach der erfolgreichen Carabane-Expedition treffe ich zufällig Valer im Camp, der seit zehn Jahren in der Schweiz lebt und arbeitet und gerade auf Heimaturlaub ist. Eine Plauderstunde später frage ich mich, warum eröffnet der hier nicht ein Reisebüro? Nachdem ich den Einheimischen Cap Skirrings und dem kompletten Hotelpersonal tagelang ergebnislos Löcher in den Bauch gefragt habe und der generelle Ratschlag der versammelten touristischen Kompetenzträger zusammengefasst in etwa lauten könnte, „Nichts ist hier lohnender als ein kühles Gazelle-Bier direkt am Strand“, finden sich plötzlich wahre touristische Perlen direkt vor der Haustür.

Zusammen mit einem Kumpel packt mich Valer in einen alten Peugeot und wir fahren nur ein paar Kilometer weiter nach Boucotte. Dort biegen wir in einen wunderschönen, kühlen Wald aus alten Kapokbäumen ab. Die Kapokbäume aus der Familie der Wollbaumgewächse, im Französischen viel romantischer als „Fromager“ bezeichnet, können über 500 Jahre alt und bis zu 75 Meter hoch werden. Einzelne Stämme erreichen einen Umfang von bis zu 20 Metern, die Wurzeln ragen mannshoch in alle Richtungen. Geschmückt werden sie von weißen Blütendolden, die wie Weihnachtskugeln aus Zuckerwatte im Baum hängen und als Füllung für besonders weiche Kopfkissen dienen. Allerdings explodieren sie bei der Berührung mit Feuer förmlich, von verbrennen kann da nicht mehr die Rede sein. Also besser nicht im Bett rauchen.

Unter diesen Bäumen stand das alte Boucotte, bis es zu viele Köpfe zählte und näher an die neue Straße zog. Amadou, unser Guide mit der Figur einer Bohnenstange, im traditionellen, knallig rot-orangefarbenen Umhang, erzählt vom Alltag der Diola, bei dem sich im Jahresablauf alles um den Reisanbau dreht. Vor jeder Ernte werden wüste Feste mit Wettkämpfen und viel Palmwein veranstaltet. Highlight sind die Ringer, die ihre Gegner vor dem Kampf mit ihren Muskeln beeindrucken. Die zweite Determinante im Leben der Diola sind die Geister. Mit ihnen gilt es um jeden Preis gut auszukommen. Dabei helfen Fetischpriester, die um Schutz, Fruchtbarkeit, Glück bei der Jagd, guten Fang, anständigen Palmwein und reiche Ernten bitten – für jedes Genre gibt es einen Spezialisten. Das Wohlwollen der Geister ist natürlich nicht ohne Palmwein zu erlangen, der von jedem dieser Spezialisten gefordert wird und als Medium unverzichtbar ist.

Die Folgen des Alkoholkonsums scheinen weltweit die gleichen zu sein. Kein Wunder: Auch in unseren Breiten führt übertriebener Alkoholgenuss schon einmal dazu, dass der ein oder andere mit den Geistern spricht. Funktioniert die Kommunikation des Fetischpriesters mit den Geistern, ist dem Bittsteller künftig das Jagdglück hold oder ein Kinderwunsch geht in Erfüllung. Fällt die Ernte üppig aus, dürfen dem Priester gerne auch zusätzliche Tieropfer dargebracht werden. Meist residiert ein solcher Fetischpriester unter einem großen Kapokbaum, die Knochen der verspeisten Opfertiere hübsch am Stamm arrangiert. Sowohl für die Frauen als auch die Männer unter-

TRADITIONELL GEKLEIDETER DIOLA

BOUCOTTE/SENEGAL

halten die Diola jeweils einen „Heiligen Wald". Dort finden die Initiationsriten für Mädchen und Jungen statt. Was dort genau passiert, will mir Amadou trotz hartnäckigem Bohren allerdings nicht verraten. „That's secret!", meint er nur, bevor er zum Trost den Palmwein kreisen lässt. Zu versuchen, diese Riten heimlich zu beobachten, empfiehlt er mir nicht. Seine Warnung ist nachdrücklich und ernst gemeint. Wir sprechen bei diesen Initiationsriten nicht von ein bisschen Chichi oder Folklore für die Touristen, giftet Amadou in meine Richtung, während er einen Schluck des Gesöffs für die Geister der Vorfahren auf den Boden schüttet. Ich versuche derweil die Wogen zu glätten, indem ich ihm erkläre, dass etwa die Konfirmation deutscher Kinder deutlich weniger geheimnisumwittert ist. Amadou wechselt nun lieber das Thema: „In den Dorfgemeinschaften der Diola braucht man bis heute eigentlich kein Geld". Nicht Einzelne, sondern der Clan besitzt das Land. Die Baustoffe für die Hütten, Lehm und Gras, gibt es vor der künftigen Haustür. Die Menschen leben vom Gemeinschaftsland, dem Fischfang, der Jagd, den Früchten, kleinen Gärten und natürlich vom Reisanbau. Egal, ob man das jetzt Urkommunismus, Kollektiv, Kolchose, Kibbuz, Genossenschaft oder Gemeineigentum nennen möchte. Geld wird hauptsächlich für die Errungenschaften der Zivilisation gebraucht: Für Bier, Mobiltelefon, Fernseher, Moped. Auch die Gesundheitsversorgung und den Schulbesuch gibt es nicht im Tausch gegen Palmwein. Ämter wollen Geld und dienen in Westafrika nicht in erster Linie den Bürgern. Sie bieten der Regierung eine bequeme Möglichkeit, Versorgungsstellen für den eigenen Klüngel zu schaffen. Die – schlecht bezahlt und unterversorgt – müssen kraft ihres Amtes jedes erforderliche Papierchen zu Geld machen. Spezies Bürokratie ohne Gegenwert, das kommt gerade bei den Diola nicht gut an.

Steht noch das Ergebnis der Klempnerarbeiten aus: Bei meiner Rückkehr am Abend verschönert ein wunderschönes 1970er-Jahre Vintage-Waschbecken mein Bad. Die Folgen der komplizierten Installationsarbeiten führen schon in der gleichen Nacht um 2:30 Uhr zu einer weiteren Überraschung „made in Senegal". Gleichmäßige Sprudelgeräusche wecken mich aus süßesten Träumen. Ich bin überrascht, dass der matte Wasserdruck für einen anständigen Rohrbruch sorgt. Nachdem ich eine Weile mit nassen Füßen im dunklen Hof umherirre, wird endlich jemand wach, der weiß wo sich der Haupthahn befindet. Um kurz vor drei lassen sich die Fluten stoppen. Doch es bleibt nicht lange trocken. Schon gegen sechs kündigt ein kurzes Schnorcheln gefolgt von einem wütenden Schnauben des Wasserhahns die nächste Flutwelle an.

GUINEA-BISSAU

Versuchslabor für NGOs

„Bom dia!“, begrüßt mich ein verschlafener Grenzbeamter in der mittäglichen Hitze und hebt in Zeitlupe den Kopf von der Schreibtischplatte. Jetzt also auch noch Portugiesisch! Neben „Bom dia“ kenne ich genau zwei weitere Vokabeln, von denen eine der Name einer brasilianischen Zigarettenmarke ist und wahrscheinlich in Guinea-Bissau nicht helfen wird.

Schon die kurze Fahrt zur Grenze ist abenteuerlich. Die versprochenen *Trans-Frontier-Sept-Place,* die ohne Umsteigen über die Grenze bis in die Hauptstadt Bissau fahren, verkehren heute angeblich nicht. Ok. Erzählt wird ja viel. Aber in Ziguinchor rührt sich tatsächlich nichts in der Bissau-Sektion des *Gare Routière.* Senegalesische Busbahnhöfe funktionieren nach einem seltsamen System. Es wimmelt von Menschen, kein Außenstehender kann sagen, wer hier Passagier, Obstverkäufer, Mechaniker, hilfsbereiter Mitmensch, geschäftstüchtiger Fixer ist oder einfach nur herumlungert. Es existieren keine Hinweisschilder, die einen Anhaltspunkt geben, welches von den Hunderten der abgestellten Fahrzeuge das gewünschte Ziel ansteuert. Irgendein Zivilist will dann Geld und verschwindet schnellen Schrittes in der Menschentraube eines kreuz und quer zugeparkten Busbahnhofs. Eile ist geboten! Der Fahrer will sofort los, es gibt nur noch einen Platz, das nächste Buschtaxi fährt erst morgen. Alles muss ungeheuer schnell gehen, damit kein anderer das kleine Geschäft mit dem Ticket macht – bevor ich dann doch wieder endlos lang auf die Abfahrt warte. Da ein wenig die Hektik herauszunehmen, ist auch keine gute Taktik.

Indem ich mich benehme, als hätte ich alle Zeit der Welt, bin ich sofort Zentrum der Aufmerksamkeit und mache aus einem Schlepper zehn. Wenn alles gut läuft, erhalte ich ein kleines zerknittertes Ticket oder dringe sogar bis zu jener entlegenen Ecke des Busbahnhofs vor, wo ehrwürdige alte Männer beim Tee dicke Fahrtenbücher füllen und Passagiere mittels abgegriffener, an Dominosteine erinnernder Holzstückchen Fahrern zuteilen.

Mit einem privaten Motorradtaxi umgehe ich dieses System. „Bis zur Grenze – danach wird es schon irgendwie weitergehen", schlägt mir einer der vielen … ja, wer eigentlich … vor. Gesagt, getan. Ich schwinge mich auf den Sozius eines Zweirads chinesischer Herkunft. Diverse Modifikationen sind mit Sicherheit bei keinem TÜV eingetragen und so ermahne ich den Piloten zu umsichtiger Fahrweise. Mein *Backpack* klemmt auf dem Tank, den Tagesrucksack habe ich auf dem Rücken. Den lustigen Plastikhelm gibt es nur für den Fahrer. Soweit so gut, bis kurz vor der Grenze bei Tempo 70 der Vorderreifen unseres Rennmofas platzt. Auf der Felge schlittern wir in bedrohlicher Schräglage über die Straße. Eine Schlange wartender Lastwagen fliegt auf uns zu, dann sieht es wieder eher nach einem *Highsider* aus, bevor der Chauffeur und ich das Motorrad mit vereinten Kräften und vier Füßen ohne Sturz zum Stehen bringen. Nichts passiert, nur der Puls rast und meine rechte Schuhsohle hat einen irreparablen Schaden erlitten – sie ist geschmolzen. Nie wieder Motorradtaxi, schwöre ich mir! Dann also per pedes unter sengender Sonne die letzten 500 Meter zur Grenze, einem

Konglomerat aus niedrigen Zementbauten und Holzhütten. Streikbedingt ohne großen Publikumsverkehr bin ich zügig an der Reihe und die Ausreiseformalitäten sind schnell erledigt. Viel zu warm, um irgendwelche dummen Fragen zu stellen oder übermäßig viele Zahlenkolonnen abzuschreiben. Nochmal 500 Meter zu Fuß über glühend heißen Asphalt durchs Niemandsland zum besagten Bom-dia-Beamten. Beim gähnenden Grenzer im Drillich noch ein Zettelchen liederlich ausfüllen, der schwungvolle Wumms des Stempels, et voilà: Ich stehe unbürokratisch und gebührenfrei auf dem Staatsgebiet der Republik Guinea-Bissau. Gleich hinter dem Schlagbaum breche ich meinen soeben inbrünstig geleisteten Schwur auch schon.

Hier warten heute ausschließlich Motorradtaxen auf Fahrgäste. Nun gut, man darf nicht allzu prinzipientreu sein. Nicht in Afrika. Also wieder rauf aufs Moped und 20 Kilometer weiter nach São Domingos, der nächsten Chance auf ein *Sept-Place* oder *Toca-Toca*. Doch auch in São Domingos herrscht Stille im Wald. Lange Gesichter und kein Transport in die Hauptstadt Bissau. Angeblich ist ein Streik der Grund. Dass das Militär in Guinea-Bissau das Sagen hat, fällt schon an der Grenze auf. Die Zahl der Armeeuniformen vermehrt sich explosionsartig. Doch haben die Militärs in letzter Zeit wohl zu sehr die Hand aufgehalten, wenn es um die „Straßenbenutzungsgebühren" ging. Dagegen wehren sich jetzt die Fahrer grenzüberschreitend. Gut so! Aber ich stecke in São Domingos fest. Kenner der Transportszene gehen in ersten Prognosen von einer Streikdauer zwischen fünf Stunden und zwei

Wochen aus. Meine kleine Umfrage ist zwar statistisch nicht repräsentativ, trotzdem verunsichert mich die breite Streuung der Ergebnisse. Privatfahrzeuge lassen sich in diesem Nest nicht organisieren oder sind schon längst aufgebrochen. Ein senegalesischer Mitreisender schüttelt nur den Kopf. Auch im Senegal würden ja überall Scheinchen den Besitzer wechseln. Aber wie könne es sein, dass in einer so vitalen Frage für Handel und Transport keine Einigung erzielt wird? Was dieses Guinea-Bissau denn für ein Land sei, fragt er mich plakativ und sucht offensichtlich Unterstützung bei mir, der ich aus dem wohlgeordneten Deutschland komme. Ich denke derweil schmunzelnd an all die Lokführer, Fluglotsen und Piloten daheim.

Nach mehr als sechseinhalb Stunden Wartezeit habe ich mich damit abgefunden, in São Domingos zu übernachten. Gerade habe ich eine Bleibe gefunden und in der dunklen Bretterbude, die als lokale Bar dient, eine Dose Bier geöffnet, als Bewegung in die Straßen und den Pulk der Gestrandeten kommt, der im Schatten eines großen Baumes döst. Und schon biegt das erste, mit einer Menschentraube behangene *Toca-Toca* um die Ecke. Irgendwie haben sich die streitenden Parteien geeinigt. Also mache ich mich im Laufschritt auf den Weg zu Osvaldo, bei dem ich schon eingecheckt habe, hole mein Gepäck und presse mich ins letzte *Toca-Toca,* ein umgebauter Mercedes-Lieferwagen der 200er Baureihe. Wer weiß, was morgen fährt. Inzwischen ist es später Nachmittag. Noch einmal vier Stunden auf und neben einer fürchterlichen Piste, die über 120 Kilometer nur aus Asphaltfragmenten und Schlaglöchern zu bestehen scheint. Durch die geöffneten Fenster dringt beständig roter Staub ins Innere. Endlose Cashew-Wälder dominieren die Landschaft, deren gelb-rote Früchte leuchten wie Edelsteine im Sonnenlicht. Dazwischen immer wieder tiefrote Erde und übermannshohe Termitenhügel. Nur die Batterie des kleinen Busses stört die afrikanische Idylle und schlägt Funken. Das ist ziemlich blöd, denn das Ding ist im vollgequetschten Fahrgastraum offen montiert. Die ständigen Funken versengen den Passagieren Haut und Kleidung. Und so muss immer wieder gestoppt und geschraubt werden, bevor die Hauptstadt Bissau nach Einbruch der Dunkelheit erreicht wird – natürlich wie immer Stunden später als geplant, aber zumindest ohne Fahrzeugbrand.

Bissau versöhnt mich sofort mit der Welt. Findet hier gerade kein Militärcoup statt, scheint die Stadt ruhig und friedlich. Keine Menschenmassen, fast ausgestorben wirkende Straßen in der *Praca,* der Altstadt. Keine Sicherheitsmaßnahmen, keine mit Glasscherben gespickten Mauern, kein Stacheldraht trennt die kleine Pension von der Straße mit ihrer scheinbar mehr als ehrlichen Bevölkerung. Aus einem Restaurant unweit des Präsidentenpalastes klingen entspannte, lebensfrohe südamerikanische Klänge. Caipirinhas mit fataler Wirkung, Bier vom Fass, das hier „Bazooka“ genannt wird, werden für kleines Geld an Tischen direkt auf dem Bürgersteig serviert. In illustrer Runde genieße ich die kühle Nachtbrise: Einheimische, ein paar NGO-Mitarbeiter und zwei chinesische Geschäftsleute. Die beiden Chinesen in den Dreißigern, Exporteure für Rosenholz, klagen mir gleich am ersten Abend ihr Leid über den lokalen Arbeitsethos.

„Ohne Vorkasse passiert hier gar nichts. Die Menschen haben nicht einmal das Kapital, um den Lastwagen zu tanken! Zahlst du aber Vorkasse, geht auch nichts, weil die Vorkasse zunächst für dringende Bedürfnisse benötigt wird: Nahrung, neue Schuhe, einen Fummel für die Gattin oder ein Bierchen."

„›Momentito‹ bedeutet mindestens eine Stunde!", stöhnt sein Kompagnon.

Arbeitsmoral und Logistik legen den Chinesen mannigfaltig Steine in den Weg, wenn es darum geht, die Ressourcen des Landes effizient und zügig zu plündern. Nachhaltige Forstwirtschaft auf afrikanisch. Es erfordert offensichtlich Nerven aus Stahl und beharrliches Drängen, um die Vorkasse endlich in eine Holzlieferung zu verwandeln! Trotzdem gefällt es den beiden Chinesen hier.

„Irgendwie lebt es sich freier und weniger hektisch unter der Sonne Bissaus."

Ungewöhnliche Gedanken für zwei Söhne aus dem Reich der Mitte.

Der Kellner unterbricht uns und lenkt das Gespräch weg von den Untiefen des Rosenholz-Geschäfts: „Bandidos, dois mais?" Zwei mehr? Noch ein paar „Bazookas" später sind wir bereit für den kleinen Nachtclub „Le Balafon", dem schrillsten Habitat der Nachtschwärmer in *Downtown*. Die Tanzfläche bebt, die Musik ist laut und lebensfroh. Kein verkopftes europäisches Zeugs, einfach nur Tanzmusik von lokalen Größen über Michael Jackson und die Bee Gees bis hin zum Buena Vista Social Club. Hauptsache Rhythmus. Gäste sind scheinbar nur die besonders bunten Vögel eines schillernden menschlichen Zoos, wenn möglich aus der Gattung Pfau. Uniformiert sehen nur die paar Europäer mit ihren eher dezenten Klamotten aus. Offensichtlich unterliegen wir strengeren Regeln für das „was geht“, für Kombinationen, die ein absolutes No-Go sind! In Bissau hingegen geht alles: Ballkleid aus Tüll und Sneaker, sexy Designerklamotten mit Flip-Flops, afrikanischer Dress kombiniert mit Tigerleggins oder Damen in Michael Jordans Basketball-Outfit und Plateauschuhen. „Os rapazes e os bebedores“, die Tänzer auf dem Parkett und die Trinker an der Theke geizen ebenfalls nicht mit Exotik plus obligatorischer Sonnenbrille. Fremde laden mich zum Bier ein, es werden Schultern geklopft, neugierige Fragen gestellt, Sagres, Caipirinha und Whisky fließen in Strömen. Die Meute will keine tiefschürfenden Diskussionen, sondern einfach nur hemmungslos abfeiern. Ich bin dabei – im Überschwang vielleicht ein wenig zu ausgiebig! Als die Ermüdung mich endlich Heim wanken lässt, kündigt sich am Horizont bereits der Sonnenaufgang an und läutet einen neuen, unbarmherzig heißen Tag ein.

Eine weitere nicht ganz so lange Nacht und einen Sonnenaufgang später sitze ich einem kleinen Boot über die Mündung des Rio Geba nach Enxude. An Bord ist eine bunte Schar einheimischer Reisender und auch Claire, eine idealistische Französin, die ich im Konsulat in Ziguinchor kennengelernt habe. Gemeinsam kurieren wir in der kühlen Morgenbrise an Deck den milden Kater vom Vorabend aus. Auch ohne Besuch im „Balafon" war es in der lauen Nachtluft schwer, rechtzeitig den Heimweg zu finden. Claire hat in der Casamance in einem Projekt für ökologische Landwirtschaft gearbeitet. Der Enthusiasmus für den Öko-Anbau hielt sich auf der kleinen Farm allerdings noch in Grenzen. Mühseliges, emotionsloses Stochern in sandiger Krume: Eine Arbeit, die nicht erledigt wird, um sich selbst zu verwirklichen, sondern die seit Jahrhunderten gemacht werden muss, um zu überleben – obwohl man oft lieber etwas ganz anderes wäre. „Die Senegalesen werkeln mit wenig Überzeugung vor sich hin, wohl hauptsächlich, weil irgendwelche Europäer organischen Anbau toll finden und unterstützen. Bio ist nicht der entscheidende Punkt, wenn der Nachbar mehr Mäuler stopfen kann. Die Bauern haben andere Sorgen als die Chemie im Salat", so ihr leicht frustriertes Fazit.

Der Anleger in Enxude besteht aus einem schattenlosen, geteerten Platz mit einer mickrigen Kaffeebude im Busch. Unser Ziel ist Bolama, die Provinzhauptstadt des Bijagos-Archipels und bis 1941 Hauptstadt von Portugiesisch-Guinea. Bolama liegt nur etwa 35 Kilometer entfernt von Enxude, aber direkt am Fähranleger hört die zivilisierte Welt auf. Jeweils etwa 50 Menschen quetschen sich zusammen mit all den großen und kleinen Waren, die für das tägliche Leben gebraucht werden, auf die offenen Ladeflächen mehrerer Lastwagen: Passagiere, Reis, Öl, Zement, Plastikgeschirr, Bier und Schweine. Die einspurige Straße ist eine tief ausgefahrene Sandpiste. Die unbefestigten Holzbänke rutschen auf der Ladefläche wild hin und her, wann immer der Lkw tief in eine der Spuren eintaucht. Oft sind sie so bodenlos ausgefahren, dass ich Angst habe, der Lastwagen könnte umkippen. Festhalten kann ich mich nur am Sitznachbarn. In die Piste hineinragende Zweige ohrfeigen unaufmerksame Passagiere. Zum Schweiß gesellt sich der Staub und kreiert hübsche *Body Paintings*. Nach zweieinhalb Stunden Folter erreichen wir São João, ein kleines Dorf, nicht mehr als eine Handvoll Hütten. Hier braten wir eine weitere Stunde in der Mittagssonne. Claire wird inzwischen immer lethargischer und steht kurz vor einem Sonnenstich. Die lockige Mähne nachlässig hochgesteckt, läuft ihr der Schweiß in Strömen im Gesicht herunter, die Augen werden immer kleiner. Endlich lässt sich der Fährmann überzeugen, dass für heute alle in Frage kommenden Passagiere bereits an Bord sind und die Piroge nach Bolama auf der gleichnamigen Insel ablegen kann.

Die Stadt Bolama ist ein debiles Kuriositäten-Kabinett. Gebaut im 19. Jahrhundert mit hauptstädtischen Allüren und kolonialer Grandezza, bröckelt das Ensemble heute vor sich hin. Ein ehemals schickes Art-déco-Kino ist leergeräumt und hat seit Jahrzehnten keinen Film mehr gezeigt. Das Rathaus mit großspurigem Säulen-Portikus ist eingestürzt. Schutt und Teile des Daches liegen auf den Resten der schönen Mosaikfußböden. Schafe ziehen heute durch das Büro des Bürgermeisters und hinterlassen ihre Fäkalien. Die Markthalle ist für die wenigen Anbieter mit ihren kärglichen Waren zu groß geworden. In einem modernen Schwimmbad von olympischen Maßen bedeckt

AN BOLAMAS KOLONIALER PRACHT NAGT DER ZAHN DER ZEIT

BOLAMA/GUINEA-BISSAU

noch eine Pfütze fauliges Regenwasser Teile des verdreckten Bodens. Direkt am Hafen modert es vor sich hin. Die ehemals alleengesäumte Prachtstraße besitzt keinen Belag mehr, übrig sind Steine und rote Erde. Tagsüber ist sie menschenleer. Am Rand aber noch gusseiserne Laternen „made in Lisboa". Nur eine traurige Kreatur, die schnell den Spitznamen „Zombiedog" weg hat, fast gänzlich von seinem hellbraunen Fell befreit, mit Ausschlägen übersät, streift herzzerreißend einsam und kraftlos über die glühenden Boulevards. Jahre alte Baugruben künden von dem Versuch, eine defekte Wasserleitung zu flicken. Doch dann fehlte wohl das Geld, das Material oder die Kenntnisse für die Reparatur und das offene Loch gammelt als Stolperfalle vor sich hin.

Es scheint, als hätte 1974 nach der Unabhängigkeit Guinea-Bissaus der letzte Portugiese, der Bolama verließ, das Licht ausgemacht und die Schlüssel weggeworfen. Die wenigen Menschen, die hier noch leben, können das koloniale Bolama nicht mehr mit Leben füllen. Es gibt keine Verwaltungsbeamten mehr, die öffentliche Gebäude bevölkern, keine guten Jobs und kein Geld zu verdienen. Alle, die weg wollten, sind schon längst weg, vielleicht nach Portugal, vielleicht auch nur nach Bissau. Nur am Stadtrand, wo Bolama zum Dorf wird, ist es lebhafter. Dort sitzen die Familien im Schatten ihrer Häuser und verarbeiten die Früchte von Feldern und Gärten. Die Stadt scheint dagegen mit Einbruch der Dämmerung ganz allein den zu Tausenden ausschwärmenden Fledermäusen zu gehören.

Hinterlassenschaft der Portugiesen: Ruine des Rathauses

Verlassenes Freibad

Historische Dokumente der Kolonialmacht flattern unbeachtet über den Hof der Amtsstuben

Die ersten Ethnologen, die die Bijagos-Inseln, zu denen auch Bolama gehört, erreichten, berichteten von matriarchalisch geprägten Gesellschaften. Die Mädchen der Inseln bestimmten, welchen Mann sie heiraten wollten und waren in keiner Weise zur Treue verpflichtet. Sie verbrachten die Nacht, wo sie wollten und konnten sich von ihrem Mann trennen, während für die Männer „bis dass der Tod uns scheidet" galt. Leider verwässerten diese Traditionen, nachdem die Portugiesen die Inseln schrittweise unterwarfen. Doch die wochenlangen Initiationsriten von Jungen und Mädchen sind noch lebendig. Auch hier werden sie streng geheim und abseits der Öffentlichkeit an verborgenen Orten abgehalten. Wer teilnehmen darf, muss absolutes Stillschweigen geloben. Also kein Informationsgewinn und schon gar keine bunte Folklore- oder Fotoshow für vorüberziehende Reisende.

Die Distanzen zwischen den Inseln sind groß. Von regelmäßigen Fährverbindungen kann man nur träumen, der Sprit für gecharterte Außenborder ist teuer, die Boote wackelig, ohne Funk oder Ersatzmotoren. Noch ist das Bijagos-Archipel touristisch kaum erschlossen. Wer die Highlights der vielfältigen Tierwelt, wie die seltenen Salzwasser-Flusspferde, sehen möchte, braucht viel Zeit und noch mehr Geld. Um tief in diese Inselwelt vorzudringen, muss praktisch noch immer eine eigene Expedition ausgerüstet werden.

In Bolama haben wir am Nachmittag sowieso erstmal banalere Sorgen. Es ist oft unmöglich zu sagen, ob ein Haus noch bewohnt oder schon verlassen ist. Wirklich alles, was nach einem Geschäft oder kleinem Restaurant aussieht, ist geschlossen, manchmal auch eingestürzt. Kein Laden, keine Fress-Bude – nichts, was einen Krümel Essbares anbietet. Es ist brütend heiß, über 40 °C. Bei diesen Temperaturen habe ich zwar nicht einen Hauch von Appetit, aber ein kühles Wasser und die Aussicht auf ein Abendessen wären schön. Mit Mühe treiben wir Neto, den Besitzer der kleinen Pension „Ga-Djau" auf. Er hat wohl nicht damit gerechnet, dass sich heute jemand für seine Zimmer interessiert. Oder einfach darauf gebaut, dass Gäste in Bolama nicht allzu viele Optionen haben: Irgendwer wird ihm schon Bescheid sagen, wenn Fremde durch den Ort stolpern und an seine Stahltore hämmern. Nach einer gefühlten Ewigkeit vor seinen verriegelten Pforten taucht er zwischen den Hütten in der Nachbarschaft auf und vermietet uns zwei saubere, geräumige Zimmer. Leider heizt sich der Zementbau auf wie ein Backofen. So gehe ich dazu über, nachmittags ein nasses T-Shirt zu tragen. Selbst das erscheint mir als Sakrileg, da das Wasser Eimer für Eimer von weit her zu den Hütten der Dorfbewohner und auch zu unserer Pension gebracht werden muss – die Hähne im Bad haben nur noch dekorativen Charakter. Die Einheimischen scheinen die Verwendung jedes Tropfens im Vorfeld genau zu planen. Davon künden die vielen bunten Plastikteekannen. Eine zum Kochen, eine für die abendliche Körperpflege, zwei für das Geschirr. Neto ist sehr um unser Wohlbefinden bemüht. Aber kein Ventilator kühlt hier. Logisch, es gibt ja tagsüber keinen und nachts nur kurz Strom – auch nicht für den

Frauen sammeln Brennholz in den Wäldern

Kühlschrank. Und so werden kühle Getränke in den Tagen von Bolama zu meiner Obsession.

Zwei Rucksackreisende sind in einem Dorf wie Bolama schnell bekannt. Unsere Anwesenheit spricht sich herum wie ein Lauffeuer. Schon nach der ersten Nacht auf der Insel werde ich von Wildfremden namentlich mit einem „Hola, Tomas", gegrüßt, die Kids rufen mir „Branco", die portugiesische Variante von Bleichgesicht, hinterher. Die attraktive, dunkelblonde Claire wird zur „Branca bonita". Die Menschen erscheinen so, wie die ersten europäischen Ethnologen sie beschrieben: Ruhig, fast schon verschlossen zurückhaltend, höflich und ehrlich. Am Ortsrand wird die Straße zum Pfad, allenfalls passierbar für Motorräder. Vorbei an Baobabs, Stechpalmen und Termitenhügeln erreichen wir ein kleines Dorf. Die Frauen verkaufen selbstgemachtes Ölgebäck, Männer sitzen im Schatten der

Cashews: Ein Hauptexport-Artikel Guinea-Bissaus

Bäume und sortieren Cashews, Nüsse Klasse A für den Export, Klasse B und die Früchte fürs Dorf. Rinder streifen durchs Unterholz und wir erreichen schließlich den Abzweig zur *Praia*. Das nahe Meer schimmert kobaltblau durch wild wuchernde Vegetation, die die steinernen Überreste eines Gebäudes fast verschlungen hat. An dieser wunderschönen Bucht stand einst in traumhafter Lage ein Luxushotel mit angeschlossenem Casino, das heute Scharen von Touristen anlocken könnte. Stattdessen künden nur noch eine steinerne Terrasse unter Palmen und eine große Freitreppe, die aus dem überwucherten Nichts zum Strand führt, von der glorreichen Vergangenheit. Dort, wo eine Würgefeige jetzt so malerisch ihren Wirt erdrosselt, fanden einst stilvolle Diners in Abendgarderobe mit teurem Schmuck, gutem Essen und Champagner statt. Die Männer in den weißen Leinenanzügen, die hier die fetten

Profite ihrer Plantagen verzockt und sich mit ihren Mätressen vom harten Leben in den Tropen erholt haben, sind längst verschwunden. Nur die traumhaften Ausblicke auf den Atlantik lassen erahnen, dass das Leben der oberen Zehntausend hier einmal eine sehr angenehme Seite hatte. Aber schnell wird die Hitze in dieser grünen Hölle unerträglich. Der Schatten der noblen Hallen, die kühle Luft der Ventilatoren und die gut gekühlten Gin Tonics fehlen und so machen wir uns auf den langen Fußweg zurück ins Dorf. Dort wartet ein weiterer brütend heißer Nachmittag. Auch der Schatten in der Pension bringt keine Abkühlung. Das Blechdach über mir glüht, ich liege unbeweglich dösend auf dem Bett, bin trotzdem schweißnass, gesotten im eigenen Saft. Kurze Linderung bringt wieder das nasse Shirt. *Wet-T-Shirt-Afternoon* in Bolama, bis die Sonne hinter dem Horizont versinkt.

Doch bevor es Nacht wird noch ein kurzer Ausflug durch die bröckelnde Pracht der einstigen portugiesischen Verwaltungsgebäude. Dieses kurze Zeitfenster der blauen Stunde ist die beste Zeit für Exkursionen. Das weiß auch die Armee der Fledermäuse und beendet ihr Schläfchen. Am Tag kopfüber in mächtigen Bäumen hängend, erwachen sie aus ihrer Lethargie, brechen fiepend zur Jagd nach Insekten auf und verdunkeln den Himmel über Bolama. Schaurig schön.

Im Innenhof des Gouverneurspalastes wehen mir kunstvoll handgeschriebene Dokumente vom Beginn des 20. Jahrhunderts entgegen. Jede einzelne Heiratsurkunde, jedes Prozessprotokoll ein Kunstwerk für sich. Achtlos flattern die historischen Preziosen über den Hof. Bekleckert mit den Exkrementen der Fledermäuse, die in der Ruine eine Heimat gefunden haben, oder der Ziegen, die durch das Gebäude streifen. Türen stehen offen. Wir streunen durch menschenleere Flure. Bröckelnder Putz, kollabierte Fußböden, Löcher im Dach, dazwischen wunderschöne Mosaiken. Vorsichtig erforschen wir das Haus, jede Treppe ein Abenteuer. Wir stellen fest, dass es zwischen den einsturzgefährdeten Sektionen auch noch intakte Büros gibt. Ein nachlässig an einer Tür angebrachter Schmierzettel verkündet, dass dahinter die Handelskammer von Bolama residiert. Arbeiten in Ruinen. Auch das ist Guinea-Bissau.

Nach drei Tagen verlasse ich Bolama im Morgengrauen auf einem zehn Meter langen Holzboot mit altersschwachem Diesel. Ich gestehe, ich empfinde echten Abschiedsschmerz. Das Boot ist roh gezimmert, besteht praktisch nur aus Rumpf und Dach. Die Passagiere kleben auf der Reling, um nicht zu riskieren, die ungehobelten Schiffsplanken hinab ins Leckwasser des Kielraums zu purzeln. Nur durch das Balancieren auf ein paar Brettern können sich die Reisenden von der verdreckten, in allen Regenbogenfarben schillernden Brühe fernhalten. Wir fahren zunächst entlang der Küste Bolamas, vorbei an undurchdringlichem Grün, Zeichen menschlicher Ansiedlungen sind hier nicht zu sehen. Dann geht es auf die offene See. Für afrikanische Verhältnisse ist das Boot kaum beladen. Trotzdem wird unterwegs fleißig Wasser geschöpft. Angespannt beobachte ich das deutlich sichtbare Rinnsal, das beständig durch die Planken in unsere Nussschale eindringt. Das ist bei einem Holzboot normal. Nur, wieviel ist normal? Was passiert, wenn der Kahn einfach absäuft? Ohne Funk, ohne Seenotrettung? Na ja, wir tragen immerhin alle diese nicht sehr vertrauenserweckenden, orangefarbenen Rettungswesten aus Altkleiderbeständen. Wird schon schiefgehen. Zumal niemand beunruhigt scheint. Nach ein paar Stunden Geschaukel queren wir endlich die gewaltige Flussmündung des Rio Geba direkt in den Hafen der Hauptstadt Bissau.

In Guinea-Bissau (kurz GB) ist nicht nur der Schiffsverkehr auf den Hund gekommen. Das ganze Land ist ein gern genanntes Beispiel für einen „Failed State". Totales Organversagen, ein gescheiterter Staat! Für Länder dieser Art gibt es sogar einen entsprechenden Index, den „Failed State Index". Mittlerweile etwas freundlicher in „Fragile State Index" umbenannt, ein Ranking der „zerbrechlichen" Staaten. GB schoss nach der Jahrtausendwende förmlich auf die vorderen Ränge und steht zum Zeitpunkt meiner Reise immerhin leicht konsolidiert noch auf Platz 23 weltweit. Einstufung: „Alert". Das bedeutet, dass der Staat bereits als gescheitert anzusehen ist. Nicht nur die Wirtschaft, sondern auch die politischen Strukturen im Land waren zwischenzeitlich völlig zusammengebrochen und erholen sich nur langsam.

Große Mengen Kokain finden auch heute noch ihren Weg über den hier besonders schmalen Südatlantik. Von Südamerika über Guinea-Bissau nach Westeuropa. Auf der Suche nach Einnahmequellen ist das Militär nicht

Ständiges Wasserschöpfen war nötig auf diesem Fracht- und Passagierboot

wählerisch. Anfangs wurde der Stoff noch in See-Containern versteckt, später ganz unverblümt über den internationalen Flughafen „Osvaldo Vieira" nach Bissau eingeflogen. Es wird behauptet, dass die Verantwortlichen Militärs namentlich bekannt sind. Doch jede Regierung in GB ist abhängig vom Wohlwollen der Generäle. Die internationale Staatengemeinschaft schaut derweil fassungslos, weil angeblich machtlos, zu. Finanzierung von Armee und Teilen des Staatshaushaltes mit Drogengeldern, die staatlichen Strukturen zusammengebrochen und der Zustand staatlicher Behörden und Organe mit „nicht funktionstüchtig" noch wohlwollend umschrieben – augenscheinlich werden viele Kriterien eines „Failed State" zur vollsten Zufriedenheit erfüllt. Allerdings würde das den großartigen, friedlichen und herzerwärmenden Menschen Unrecht tun, die bislang leider nichts an den lokalen politischen Gepflogenheiten ändern konnten. Insbesondere die Angewohnheit ihres Führungspersonals, Konflikte schwer bewaffnet auszutragen, scheint nur schwer therapierbar.

Bissaus Gerüchteküche brodelt derweil weiter. In den Bars werden wilde Stories zum Besten gegeben. Vielleicht transportieren die Flieger mittlerweile afghanisches Heroin zurück nach Südamerika, der Ableger des IS im Maghreb könnte seine Finger im Spiel haben, das reinste Kokain gibt es direkt auf dem Polizeirevier in Bissau und, und, und … Andere schimpfen „alles Quatsch!" Ich werde mich mit dem Unterhaltungswert dieser Gerüchte begnügen. Den Wahrheitsgehalt müssen andere überprüfen. In diesem Themenfeld möchte ich im übersichtlichen Bissau nicht neugierig stochern. Vorsichtshalber beherzige ich den Ratschlag meines chinesischen Freundes Chi, der mir schon vor einiger Zeit schmunzelnd die goldene Regel „Stay away from the Spanish speaking guys with the dark glasses!" mit auf den Weg nach GB gab.

Erstaunlicherweise haben die Extravaganzen der Führungseliten nicht auf das einfache Volk abgefärbt. Das gilt als eines der friedlichsten und freundlichsten in ganz Westafrika. Die Stimmung in der Hauptstadt scheint sehr entspannt. Vielleicht auch, weil die besondere musikalische Nähe zu Brasilien den Eindruck einer gelassenen Unbeschwertheit vermittelt. Hat das Leben hier für manchen wirklich eine besondere Leichtigkeit oder ist das ein Trugschluss? Wie dem auch sei, die Ausgelassenheit brasilianischer Rhythmen und des Karnevals sind definitiv über den Atlantik geschwappt. Schon die Erteilung des Visums im Konsulat des Landes war eher Samba als Fado. Für den Beamten alles andere als ein ernster, streng formaler Verwaltungsprozess, den er täglich zwanzig Mal mit wichtigem Ernst erledigt, sondern offensichtlich ein Heidenspaß, einfach zum Kaputtlachen! Doch in den kommenden Tagen treffe ich viele desillusionierte, hart arbeitende Menschen, zu denen der traurige Fado des ehemaligen Mutterlandes Portugal besser passt. Lethargie und Fatalismus setzen den Kontrapunkt zur überschwänglichen Ausgelassenheit. Manchmal scheint es, als hätte jemand das geheime Motto ausgegeben, wer sich bewegt hat verloren. Guinea-Bissau – das Land mit der bipolaren Störung. Himmelhochjauchzend oder zu Tode betrübt. Portugiesische Herrschaft und postkoloniales Chaos scheinen eine seltsame Volksseele geschaffen zu haben.

Gab es im Senegal irgendwo noch eine verborgene Ordnung im Chaos, so scheinen in Guinea-Bissau keine Strukturen mehr zu existieren. Alles erinnert mich an mein Schulwissen über das Ende der Antike und den Untergang des Römischen Reiches. Mit der Kraft des Volkes gelang es, die ungeliebten, ermatteten Kolonialherren zu vertreiben und deren zurückgelassenen Schätze zu plündern. Kenntnisse, Fähigkeiten, Werkzeuge und Mittel, um zivilisatorische Errungenschaften des modernen Lebens zu erhalten, waren jedoch unzulänglich. Alles verfällt. Das ist sicherlich nicht die Schuld des lange unterjochten Volkes, dem Bildung und Wissen vorenthalten wurde.

Aber heute scheint es nur mit Hilfe internationaler Organisationen möglich, ein Mindestmaß an Infrastruktur aufrechtzuerhalten. Im Brennglas der Hauptstadt Bissau sind sie alle zu sehen: ECOWAS, ECOMIB, die UN und UNICEF. Von saudischen Religionsgemeinschaften bis zum kuwaitischen Staat, den Ärzten ohne Grenzen und internationalen Minenräumkommandos: Protzige SUVs mit den entsprechenden Emblemen füllen die Straßen. Kommandos semmelblonder, dänischer Mediziner ziehen durchs Land, betreiben Studien und impfen die Kinder. Britische Ornithologen campieren ohne Wasser und Strom an abgelegenen Stränden und zählen die heimischen Vögel. Krankenhäuser werden vom Roten Kreuz betrieben, ein türkisches Kraftwerksschiff liefert Strom. Weltbank, EU und die afrikanische Entwicklungsbank finanzieren alle möglichen Projekte und bringen Plaketten an, die von ihren guten Taten künden. Alle eigentlich staatlichen Aufgaben scheinen irgendwelche internationalen Organisationen notdürftig zu verrichten. Existieren in Guinea-Bissau überhaupt noch offizielle Organe? Und wenn ja, erfüllen sie Aufgaben für das Gemeinwohl oder stellen sie nur noch Versorgungsposten für die Eliten zur Verfügung? Schwer zu sagen nach einem zweiwöchigen Aufenthalt. Aber der Augenschein und die meisten Geschichten stimmen nicht sehr zuversichtlich. Davon nur Sörens Geschichte: Der Arzt erzählt, dass der dänische Impftrupp offiziell mit dem Gesundheitsministerium kooperiert. Deren Kontaktmann dort: Seit Wochen unerreichbar. Die versprochenen Fahrzeuge: Nicht existent.

Leider scheinen alle Bemühungen internationaler Organisationen den Lebensstandard in Westafrika nicht spürbar zu verbessern. Meine Gedanken kreisen in *Downtown* Bissau angesichts des Aufgebots an fabrikneuen SUVs diverser Hilfsorganisationen immer wieder um den Sinn oder Unsinn von Entwicklungshilfe in ihrer derzeitigen Form. Welchen langfristigen Nutzen hat diese Disziplin, wenn sich die Regierung bequem zurücklehnt und das Gemeinwohl, die Gesundheitsfürsorge und den Aufbau der Infrastruktur ausländischen Organisationen überlässt und die wenigen staatlichen Einnahmen stattdessen in den Luxus der kleinen Oberschicht fließen?

Viele schlaue Köpfe setzen sich mittlerweile intensiv damit auseinander, warum Afrika trotz Entwicklungshilfe im Elend verharrt, während asiatische Länder wie Taiwan und Thailand, ja selbst Vietnam, die weit weniger Hilfe erhielten, erfolgreicher sind und ein entfesseltes China in 20 Jahren wie ein Phönix aus der Asche stieg.

Bei meinen Recherchen erfahre ich, dass heute viele Kritiker der Hilfsgelder, im Westen wie in Afrika, subtiler argumentieren als die „Zurück-in-die-Steinzeit-Fraktion". Und doch greifen sie die derzeitige Form von Entwicklungshilfe frontal an. Entwicklungshilfe würde dafür sorgen, dass alles so bleibt, die Zustände sich manifestieren. Experten kritisieren, dass Entwicklungshilfe in Systeme fließt, die noch nie funktioniert haben und dringend reformbedürftig sind. Von der Hilfe profitieren in erster Linie Potentaten, korrupte Minister und Schurken, die die Verantwortung für das größte Elend tragen. Volker Seitz, von

2004 bis 2008 deutscher Botschafter in Kamerun, der Zentralafrikanischen Republik und Äquatorialguinea, mahnt in Bezug auf Entwicklungshilfe „[…] jede Naivität abzulegen und die Dinge substanziell zu hinterfragen. […] Die Umverteilung von Nord nach Süd zerstört Anreize, verschüttet oft lokale Potenziale und verführt gute Leute dazu, ihr Glück in der Entwicklungshilfe, statt im Unternehmertum zu suchen. […] Heute verdient ein Fahrer der UN mehr als ein Abteilungsleiter in einem Ministerium."

Entwicklungshilfe sei die Umverteilung des Gelds der Armen aus den reichen Ländern an die Reichen aus den armen Ländern. Dieser These des hungaro-britischen Ökonomen Lord Peter Bauer (1915–2002) schließen sich viele afrikanische Intellektuelle an. Hat er Recht? Es scheint so, denn nur Brosamen der Hilfszahlungen tröpfeln zu den Bedürftigen durch. Tatsächlich wird in Afrika die Liste derer immer länger, die fordern, die jetzige Form der Entwicklungshilfe zu beenden. So sind nigerianische Literaturnobelpreisträger, Journalisten aus Uganda und auch kenianische Wirtschaftsfachleute der Ansicht, dass sich die afrikanischen Bonzen ohne Hilfe von außerhalb um andere Geldquellen bemühen müssten. Konkret: dafür sorgen, dass Handel getrieben wird und Steuern eingenommen werden können. Dementsprechend müssten sie ihre Regimes reformieren, womöglich für eine Demokratisierung der Gesellschaft sorgen, weil eben Diktatur, Korruption und Staatsmonopolismus nirgendwo mit erfolgreicher Marktwirtschaft vereinbar sind. Da bildet Afrika keine Ausnahme.

Der Afrikakorrespondent Thilo Thielke (1968–2020), der viele Jahre in Ostafrika lebte, beschrieb die Entwicklungshilfe im Kern als „chaotische Planwirtschaft“, die den Empfänger nicht voranbringe, sondern lethargisch mache. Eigeninitiative werde erstickt. Der Glaube, das Land aus eigener Kraft verändern zu können, sterbe. „Das ist (zwar) tragisch für Afrika, aber lohnenswert für die Entwicklungshilfe.“ Denn: „Ihre Geschäftsgrundlage bleibt so nämlich erhalten: Das Elend in Afrika.“ Nochmal der mehrfach ausgezeichnete Journalist: „Ist es etwa zynisch, wenn man fordert, etwas zu beenden, das dem Kontinent nur schadet? Wenn ich merke, dass die Medizin nicht wirkt, sondern den Gesundheitszustand des Patienten verschlechtert, setze ich die Therapie ab, statt die Dosis zu erhöhen. Anders bei der Entwicklungshilfe. Die Zyniker sind deshalb diejenigen, die nicht bereit sind, eigene Fehler schonungslos einzugestehen und Verhaltensweisen zu ändern.“ Harsche Thesen? Ja, aber dennoch scheinen sie mehr als ein Körnchen Wahrheit zu enthalten.

Bei der Frage nach der richtigen Art und Weise solidarischer Unterstützung geht es also um die Frage nach dem „Wie“. Um eines klarzustellen: Hilfe in der Not bei Naturkatastrophen, Hungersnöten oder in Folge von Krieg darf niemals in Frage gestellt werden. Darüber hinaus sollte Hilfe aber immer an „Good Governance“, die gute Staatsführung, gekoppelt sein: an das ehrliche Bemühen einer Regierung für das Gemeinwohl zu sorgen, die Korruption zu bekämpfen, Demokratie und einen verlässlichen Gesetzesrahmen aufzubauen, der von einer unabhängigen Justiz kontrolliert wird.

Die Maßregelung der parasitären Herrscher ist in Afrika ein weiteres wichtiges Element, damit der Reichtum aus natürlichen Ressourcen auch bei der Bevölkerung ankommt. Bemühungen im Bildungssektor sollten belohnt werden, auch mit Blick auf die explodierenden Bevölkerungszahlen. Gerade der Westen mit seinem freiheitlichen Wertesystem muss hier Verantwortung übernehmen.

Leider haben aber auch europäische Unternehmen und Staaten eigennützige Interessen, wollen günstige Rohstoffe oder preiswerten Fisch. Die Überschwemmung Afrikas mit billigen Agrarprodukten aus Europa, die Landwirte vor Ort ruinieren, sind ein No-Go, aber gängige Praxis. Genauso wie der Erwerb billiger Fischereilizenzen, der die Fischer nicht nur finanziell ruiniert, sondern auch noch das Risiko zu Ertrinken verschärft. Auf europäischer Seite, das heißt bei staatlichen Institutionen und der Wirtschaft, ist ein konsequenter Mentalitätswandel, ein fairer Umgang mit den armen Staaten erforderlich. Sollen die Fluchtursachen bekämpft werden, sind das die Punkte, an denen angesetzt werden muss.

Noch komplizierter wird die Situation dadurch, dass nicht mehr nur der Westen als Geldgeber aktiv ist. Heute konkurrieren die Hilfsgelder des Westens mit chinesischen Angeboten und den Petrodollars vom Golf. Auch die Türkei und Russland sind Akteure in diesem Spiel. China will die Versorgungssicherheit seiner Milliarden-

Bevölkerung durch Landgeschäfte in Afrika absichern, die Golfstaaten und die Saudis wollen ihre Spielart des Islams forcieren. Die Geberländer vom Golf stellen bei entsprechendem Entgegenkommen der Regierenden bei Weitem nicht so viele dumme Fragen, bevor sie ihr Scheckbuch öffnen. Elend der Bevölkerung hin, Umwelt her. Aber auch Europa und seine Konzerne agieren oft noch wie in der Kolonialzeit und sind bereit, für ein paar Fischereirechte oder seltene Erden der korrupten Schicht der Regierenden das geforderte Geld kritiklos in den Rachen zu schmeißen – bevor es die Chinesen tun.

Diese Grübeleien über den Sinn und Unsinn von Entwicklungszusammenarbeit und das tägliche Erleben der Staatsmaschinerie Bissaus mit all ihren internationalen Helfern trüben meine Stimmung. Gepaart mit zunehmend paranoiden Gedanken meinen eigenen Gesundheitszustand betreffend, rutsche ich in eine veritable Afrikakrise – Selbstzweifel und Heimweh inklusive. Die prall gefüllten Hitzepickel an meinem Knöchel werden irgendwann platzen. Und kleine Wunden sauber zu halten ist hier schwierig, dem Staub zu entkommen illusorisch. Nicht einmal meine schwarzen Füße bekomme ich mit Wasser und Seife wieder in den Originalzustand. Die Angst vor einer Infektion macht sich breit. Fäkalien von Schafen und Ziegen verzieren selbst die Boulevards der Hauptstadt, Ruß und Sand sind überall. Trage ich Schuhe ohne Socken, scheuert der nicht loszuwerdende Sand kleine Wunden oder die unvermeidlichen Insektenstiche auf. Lasse ich die Strümpfe an, führt das zu anschwellenden Füßen und be sagten Hitzepickeln. Flipflops sind noch am besten, aber das bedeutet in pechschwarzer Nacht ungeschützt durch unbeleuchtete, unbefestigte Straßen mit Fallgruben, Müll und rostigem Metallschrott zu spazieren.

Zuhause denke ich über einen solchen Mist nicht mal nach, jetzt beginne ich, meinen Körper zu beobachten: Was ist mit diesem komischen Stich – oder war es ein Biss –, der seit zwei Wochen ein merkwürdiges Taubheitsgefühl im Zeigefinger verursacht? Krabbeln da bald Spinnen raus? Was ist mit meinem Kreislauf los? Ist es wirklich nur die Hitze, zu wenig Flüssigkeit oder die Langzeitwirkung der Bazookas vom gestrigen Abend? Die Tatsache, dass ich keine 20 mehr bin? Mein Urin färbt sich rötlich. Lag das an der merkwürdigen Tropenfrucht, deren Namen ich vergessen habe, komischen Zusätzen in der billigen Limonade oder hat das Ganze ernste Hintergründe? Und wenn ja, wer könnte mir in Bissau helfen? Niemand! Prinzipielle medizinische Empfehlung für Guinea-Bissau: Ab nach Dakar in den Senegal, bei ernsten Erkrankungen am besten direkt nach Europa. Ich gebe mich dem Blues hin, verbringe einen lethargischen Tag auf dem Bett liegend, starre Löcher in die gegenüberliegende Wand und quirle mit dem funktionierenden Ventilator – gelobpreist sei der Herr – die 40 °C heiße Luft ordentlich durch! Mein Tagesziel: Mich möglichst sauber und trocken halten, mich schonen.

Dabei hänge ich Fluchtgedanken nach. Die verdreckten Klamotten verbrennen und ab ins nächste Taxi. In einer halben Stunde wäre ich am internationalen Flughafen. Stattdessen suche ich am Abend eine weit entfernte *Far-*

macia auf, in der ich meine dürftige Notfallapotheke aufstocke. An einem solchen Tag kann ich gut verstehen, dass hier viele nur zu gerne im nächsten Boot nach Lesbos säßen. Erst als die Dunkelheit hereinbricht, die brutale Hitze einer Brise vom Meer weicht, gesellt sich eine heitere Note zum Moll-Konzert meines Kopfkinos. Balsam für meine Phobien.

Doch am nächsten Morgen krampft mein Magen. Hat es also endlich den Verdauungstrakt erwischt! Hatte ich schon viel früher erwartet! Waren es die Tomatenscheiben mit Aioli, der Kaffee mit schlecht abgekochtem Wasser am Busbahnhof in Bissau, die ständige Mayonnaise? Die Eiswürfel im Caipirinha oder schlicht und ergreifend der allgegenwärtige Schmutz? Die Liste möglicher Ursachen ist endlos. Trotzdem: So schlimm ist es nicht und heute ist Karfreitag, also gibt es Fisch! Ein Ausflug soll mich von meinem rebellierenden Gedärm ablenken und der Lethargie entreißen. So mache ich mich auf den 35 Kilometer langen Weg zu einem kleinen Strand, der eine Austernbar beherbergen soll, unsicher, ob ausgerechnet Austern die geeignete Therapie für meinen angeschlagenen Magen sind. Das Fantasiebild von Schalentieren dargereicht in edlem Ambiente erscheint mir in einem Land wie Guinea-Bissau schon fast obszön und ich kann mir den Laden in etwa so gut vorstellen, wie dort Außerirdische an der Theke zu treffen. Der Strand entpuppt sich als roter Schotterstreifen an einem breiten *Bolong*. Trotz piekender Steine und Scherben und der ungewissen Reptilienwelt im *Bolong* erfrischen sich ein paar Einheimische im lauwarmen

Nass. Andere picknicken im Schatten ihrer geparkten Autos. Mich lockt die laue Brise unter Cashew-Bäumen in Edsons kleines Restaurant – die Austernbar. Wer bei dem Luxussnack und Aphrodisiakum der Reichen und Schönen an gut gekühlten, perlenden Champagner auf strahlend weißen Tischdecken vor der Kulisse eines mediterranen Hafens mit schneeweißen Yachten denkt, der wird bei Edson bitter enttäuscht. Der Laden besteht aus einem Konglomerat von Zementblöcken, vollgestellt mit Krimskrams. Drumherum gruppieren sich Erweiterungsbauten, halbfertige Betonsäulen und eine offene Küche, in der kein Edelstahl blitzt. Im Garten gibt es einen Schuppen mit zwei riesigen Lehmöfen und wenige, im Schatten wahllos verteilte Tische. Der Gästebereich geht fließend in den Parkplatz über, auf dem die unvermeidlichen Geier hopsend austaxieren, wie nahe sie den Gästen gefahrlos kommen dürfen.

Mein Magen grummelt noch ein bisschen, ist aber ansonsten ruhig geblieben. Also wird heute der Teufel mit dem Beelzebub ausgetrieben! Für die Fischer dieser Gegend waren die Austern wohl nie ein Luxusgut, sondern eher ein willkommenes Nahrungsergänzungsmittel, für das eine pfiffige Zubereitung gefunden werden musste, um es gefahrlos zu genießen. Afrikanische Flussaustern sind im wahrsten Sinne des Wortes ein harter Brocken. Direkt vom Holzkohlefeuer serviert Edson einen riesigen Berg der glühend heißen, außen verkohlten Schalentiere. Es braucht ein scharfes Auge und Edsons zwanzigminütigen Intensivkurs, bis ich ahne, wo ich das Austernmesser ansetzen

Meiner Magenverstimmung haben die delikaten Flussaustern nicht geschadet

kann. Trotzdem vermisse ich Hammer und Meißel. Jeder dieser Steinklumpen beinhaltet zwei bis vier köstliche Austern unterschiedlicher Größe, die es zu bergen gilt. Natürlich ist der Dip aus Zitronensaft, Kräutern und Piment selbstgemacht. Dazu gibt es einen gut gekühlten Rosé. Wie der ohne Strom so kalt wird, ist mir schleierhaft. Unter dem Tisch steht ein Wäschekorb für die leeren Schalen, was zeigt, von welchen Dimensionen wir hier zum Preis von umgerechnet 4 Euro reden.

Beim anschließenden Kaffee plaudere ich mit Edson, selbst inzwischen Mitte 60, führt er die Bar in der zweiten Generation. Er zeigt zu einem deutlich älteren, ehrwürdigen Herrn, der ein wenig entfernt auf einer Bank sitzt, seinem Vater. 97 Jahre ist der alte Herr, das weiße Haar noch immer voll. Unaufgeregt berichtet mir Edson, dass sein Vater ursprünglich aus Angola stammt. Dort verliebte er sich in eine Portugiesin. In Portugal wurde die junge Familie jedoch nicht heimisch. Zu wenig Toleranz, zu viel Rassismus und so ging es wieder zurück nach Afrika. Diesmal nach Bissau, da der Weg deutlich kürzer als nach Angola ist und auch hier portugiesisch gesprochen wird. An diesem *Bolong* unweit der Hauptstadt eröffneten sie schließlich ihr kleines Restaurant. Vor zehn Jahren im Winter ging sein Vater noch einmal zurück nach Portugal. Der besseren medizinischen Versorgung wegen, erzählt Edson. Im nasskalten Schmuddelwetter Lissabons wurde er jedoch sofort krank und alle machten sich ernsthafte Sorgen um ihn. Als Schatten seiner selbst kehrte er nach Bissau zurück, um in der tropischen Wärme der Heimat zu sterben, wie Edson vermutet. „Doch nur zwei Wochen später war er wieder ganz der Alte“, grinst Edson. Der Lebensweg von Edsons Familie ist ein typisches Schicksal. Migration in Zeiten der kolonialen Imperien. Auch die hat viele entwurzelt, egal ob Schwarz oder Weiß. Edsons Vater hat Angola nie wieder gesehen, seine Frau verlor die portugiesische Heimat. Bissau war für beide der Kompromiss auf halbem Weg zwischen Portugal und Angola. Erträglicher und toleranter als das rassistische Portugal zu Zeiten der Salazar-Diktatur.

Der Ausflug zum Austernlokal hat die trüben Gedanken vertrieben. Der Magen scheint kuriert und auch die Füße zeigen keine neuen Blessuren. Mal wieder habe ich mich mit Bissau arrangiert, mich an den afrikanischen Rhythmus angepasst. Hitze vermeiden, keine überflüssigen körperlichen Aktivitäten. Ich sollte heute weiterziehen, aber das ist viel zu anstrengend! Warum aus dem Schatten kriechen? Es gibt nichts, was nicht auch bis morgen Zeit hätte. Nach einem weiteren verdösten Tag, den ich ausgiebig mit Nichtstun gefüllt habe, bin ich am Ende ermattet allein von der Hitze. Doch dann kommt wieder eine dieser unendlich leichten, luftigen Tropennächte mit lockender Musik und plötzlich ist die Energie zurück. Genug jedenfalls für Gespräche mit chinesischen Rosenholzhändlern oder den Caipirinha zu viel mit dem Ornithologen, der ein zeitiges Aufbrechen am nächsten Morgen ein weiteres Mal verhindert. Das klassische Hotel-California-Syndrom: „You can check out any time you like, but you can never leave!" Doch irgendwann muss ich hier raus!

Claire, meine On-/Off-Reisebegleitung und gelegentliche Tischdame benimmt sich inzwischen *à la parisienne* – sehr kapriziös. In der sanften Rasta-Gemeinde, die ihre Unterkunft bevölkert, zu „Her Royal Highness Principessa Claire I de Bissau et Kafountine" aufgestiegen, lieben Papa und die anderen Jungs sie abgöttisch. Meist charmant-witzig, dann stundenlang in Gedanken versunken, kann „Branca Bonita" zuweilen aber auch ein schlecht gelauntes, herrisches, dauer-chattendes Biest sein. Das mag an ihrer momentanen Zerrissenheit liegen. Gerade versucht sie via WhatsApp ihre Beziehung in Frankreich zu kitten oder vielleicht doch zu beenden und gleichzeitig einen potenziellen, bis dato platonischen Liebhaber in der Casamance zu vergessen oder ihn dann doch wieder via Messenger zu ermutigen – wer weiß das schon so genau! Sie jedenfalls nicht. Außerdem muss 6.000 Kilometer von der Heimat entfernt ein persönlicher Arztbesuch mit Krankmeldung fingiert und, statt eines Konferenzberichts, ein gelber Schein den Arbeitgeber erreichen. Da ist viel zu koordinieren, zumal die Telekommunikation zum Erbarmen unzuverlässig und in Bissau manchmal noch nicht einmal die passende Telefonkarte zu finden ist. Auf jeden Fall scheint bei der anstrengenden Operation das Timing überlebenswichtig und Zeit Geld zu sein. Frau braucht übermenschliche Konzentration und Nerven wie Drahtseile, um gleichzeitig justiziable Formulierungen fein aufeinander abgestimmt an den Verlobten, den Liebhaber, die Kollegen und den Arbeitgeber zu texten, mailen, twittern, facetimen, whatsappen und wer weiß auf welchen Kanälen noch über zwei Kontinente hin und her zu jagen. Shakespeare'sche Dramatik auf eine sehr französische Art! Sich bloß nicht in einem virtuellen Netz von Irrungen und Wirrungen verfangen! Das alles bei unsicherer Ausgangslage an der Hardwarefront: Welches der kleinen elektronischen Helferlein im heimischen Netzwerk erlaubt dem Verlobten womöglich Zugriff auf Claires Account oder synchronisiert gar mit diesem? Gelobt sei die Cloud! Claire jedenfalls wird immer angespannter. Ihr Kopf qualmt und in der Apple-Zentrale in Cupertino glühen die Server.

Ok, ich verstehe, das ist alles sehr, sehr anstrengend und wir hatten ja beim Bier auch viel Spaß mit diesen Themen. Aber ich muss das nicht länger in Echtzeit verfolgen und mich zusätzlich zu meinen eigenen auch noch von Claires Stimmungen runterziehen lassen. Wobei: Mich interessiert der Ausgang dieses Fortsetzungsromans schon brennend. Doch der endet wie eine atemberaubende Krimistaffel, von der man elf Teile gesehen hat und sich damit anfreunden muss, die Auflösung in Teil zwölf leider nie zu erfahren. Egal wie angenehm ein paar Worte in einer vertrauten Sprache oder geteilte Kosten für das Boot am nächsten Tag sind, egal wie schön es ist, sich in dem bizarr fremden Umfeld Bissaus unter Freunden zu fühlen. Zeit also, „au revoir“ zu sagen, Claire und ihrer Daily-Soap-Opera, aber auch Bissau mit all seinen inzwischen vertrauten Kellnern, tanzwütigen Meuten, seinen Ornithologen, skandinavischen Impfärzten, chinesischen Holzhändlern und nigerianischen ECOWAS-Soldaten! Tatsächlich gelingt es schon im dritten Anlauf, meine letzten Energien zu mobilisieren und mich im Morgengrauen aus dem Haus zu schleichen. Republik Guinea, oder Guiné-Conakry, wie es in Bissau genannt wird, ich komme!

Diese Geier waren seit dem Senegal meine ständigen Begleiter

GUINEA PARADOX

Unermesslich reich, doch bettelarm

48 Stunden später sitze ich im Glutofen der Provinzstadt Gabú auf der Vorderbank eines kleinen Fiat-Transporters. Das mächtige Gravitationsfeld von Bissau habe ich also tatsächlich hinter mir gelassen, die nächste Landgrenze ist nah. Über Guinea weiß ich nicht viel. Dank Bissaus samtener Nächte bin ich mit der Recherche im Rückstand. Nur ein paar bunte, zusammenhanglose Mosaiksteinchen: Ich reise wieder in den französischsprachigen Teil Afrikas. Die Musik soll toll sein und ist in Westafrika weithin bekannt! Ach ja, die Polizisten sollen dazu neigen, ihre Uniformen an den Wochenenden zu verleihen, damit sich auch Freunde und Verwandte eine kleine Einnahmequelle verschaffen können. Und: Die Straßen Guineas werden beschrieben als Paradies für Off-Road-Fans aus aller Welt! Dumm für mich, da Guineas hoffentlich kühle Fouta-Djallon-Berge noch etwa 350 Kilometer entfernt sind. Definitiv keine drei brettebenen deutschen Autobahnstunden, die ich einfach so absitzen kann. Eher zehn bis zwölf, auf einer Schlaglochpiste, wie ich vermute. Oder wie manche sagen, meist überhaupt keiner Straße.

Neben und mit mir auf dem Beifahrersitz: Thiernowou Lelouma, ein älterer Herr im knöchellangen, bunten Gewand mit dem traditionellen *Kufi,* einer buntbestickten Kappe auf dem Kopf. „Nebeneinander“ trifft es allerdings nur unzureichend. Eigentlich kleben Herr Lelouma und ich aneinander, denn Sitz und Notsitz neben dem Fahrer, der massive Kanister, der den Fußraum blockiert, sowie jede Menge Kleinkram lassen keinen Platz, um berührungsfrei zu reisen. Fünfeinhalb Stunden habe ich im kleinen Paragem von Gabú bei 40 °C und unzähligen Tassen Kaffee auf schiefen Holzbänken mit den allgegenwärtigen Geiern verbracht, bevor alle Plätze im Bus verkauft waren und es um kurz vor 1 Uhr mittags endlich losging. Schnell kommen mein Sitznachbar und ich uns näher, als wir kopfschüttelnd beobachten, wie unser schrottreifes Gefährt startklar gemacht wird. Mit bloßem Auge erkennbar ist, dass der Rahmen des Fiat arg verzogen ist. Die Beifahrertür unserer offensichtlich nur provisorisch hergerichteten Unfallkarosse besitzt innen einen zusätzlich eingeschweißten Riegel, der die Tür geschlossen halten soll, aber wohl nicht funktioniert. Also wird vor jedem Start mit dem abgeschnittenen Sicherheitsgurt die Tür am Seitenholm verknotet, damit Thiernowou unterwegs nicht rausfällt. Gestartet werden kann der Bus nur von extern, durch den Kontakt zweier Drähte direkt im Motorraum. Dafür ist einer der beiden Gepäckboys zuständig, die auf dem Dach zwischen den Gepäckstücken im dicksten Staub unter praller Sonne mitfahren. Die Windschutzscheibe wurde für ein anderes Fahrzeugmodell gebaut, passt nur mäßig und rutscht je nach Neigung des Busses permanent von links nach rechts. Dafür war sie aber wohl gerade verfügbar oder vielleicht einfach nicht so teuer wie die passende. Eine Seitenscheibe fehlt und wurde durch löcheriges Plastik notdürftig ersetzt. Eine andere fehlt zur Hälfte. Die noch vorhandene Scheibenhälfte wird nach wenigen Kilometern laut splitternd den Teil der Passagiere wecken, der in ihrer Nähe sitzt. Kein Grund zur Besorgnis,

Splitter entfernen, Mund abwischen und weiter. Direkt am Ortsausgang von Gabú endet die Teerdecke oder was von ihr noch übrig war. Erst Schlaglöcher, dann Sand, irgendwann nur noch ausgefahrene Spuren. Gut, dass Mamadou, ein Esprit ausstrahlender Mittdreißiger und Herr über unsere rollende Ruine, dem fragilen Bausatz selten mehr als 30 Stundenkilometer entlocken kann. Inzwischen ruiniert Thiernowou langsam aber sicher meine geistige Gesundheit. Mit dem eintönigen Sufi-Singsang, der aus seinem Handy plärrt, will er sich für die lange Fahrt scheinbar in eine komfortable Reisetrance versetzen. Bei mir bewirkt das Gedudel in Endlosschleife jedoch eher das Gegenteil. Ich werde zunehmend genervt und aggressiv. Jede einzelne Sekunde in dieser heißen Blechbüchse scheint sich endlos zu dehnen.

Gott sei Dank kommen wir kurze Zeit später ins Gespräch und die Sufis dürfen schweigen. Thiernowou hat

Erste Anzeichen, dass es nach sechstündigem Warten in sengender Hitze losgeht

fünf Söhne, vier davon leben in Labé, der fünfte, Djallon Emssi, hat es tatsächlich nach Deutschland geschafft. Er habe ihm abgeraten zu gehen, sagt Thiernowou und erzählt von seiner Angst, als der Sohn sich auf den Weg machte. 3.000 Euro musste Emssi für die Flucht auftreiben. Eine Unmenge Geld in Guinea. Aber irgendwie hat er es tatsächlich geschafft. Durch Libyen, vorbei an Milizen und Folterkellern, mit dem Schlauchboot nach Italien und dem Zug nach Deutschland. In der Heimat blieb die Sorge um ihn. Jeder hier weiß, wie gefährlich die Fahrt über das Mittelmeer ist. Familie und Freunde hörten monatelang nichts vom geliebten Sohn. Trotzdem kann jeder Vater seine flüchtenden Kinder verstehen, denn die Jobs, die Guinea selbst für die gut Ausgebildeten bietet, sind nach Maßstäben des 21. Jahrhunderts nicht wirklich eine Perspektive. Jetzt, nach drei Jahren, spricht Emssi Deutsch und macht eine Malerausbildung in Dortmund. Sein Vater behauptet, dass es ihm dort gut geht und dass er zufrieden ist. Aber was soll ein Sohn seinem Vater aus dem „gelobten Land" schon anderes berichten?

Währenddessen quält sich unser Gefährt in zauberhafter Landschaft weiter über die schreckliche Piste. Die beiden Furchen im Unterholz nennen sich Nationalstraße 1 und sind immerhin die Hauptschlagader zwischen Guinea-Bissau, dem östlichen Senegal und Guinea. Offiziell klingt das so: „Das Straßennetz von Guinea-Bissau umfasst 4.400 Kilometer von denen 450 ›befestigt‹ sind." Regelmäßig braucht unser Töff Wasser, Öl und hier und da einen frischen Reifen. Natürlich befahren auch monströse

Sattelschlepper diese Piste, die nur aus Steinen, Felsplatten und Sand zu bestehen scheint. In deren Schlepptau ist die Sicht im aufgewirbelten Staub gleich Null und zwingt Mamadou zu Stopps. Der Grenzübergang von Buruntuma in Bissau nach Kandika ist ein Witz. Er erinnert an ein Ensemble von windschiefen Farmgebäuden im weiten Nirgendwo des afrikanischen Hinterlandes. Hühner scharren nach Körnern und wechseln unbehelligt zwischen den Nachbarstaaten. Ein paar Ziegen, auch sie offensichtlich staatenlos, suchen ein wenig Schatten. Ob in Guinea oder Guinea-Bissau scheint ihnen und den Grenzern egal zu sein. Ein Flatterband quer über die Piste ersetzt den Schlagbaum.

Auf den ersten Kilometern in Guinea schwingt sich die Landschaft neben der Piste dazu auf, Afrika von seiner besten Seite zu zeigen. Weit entfernt von den Menschenmassen der Städte ist der Müll fast verschwunden. Durch die wackelige Frontscheibe bewundere ich das satte Rot der Erde, Rundhütten mit Grasdächern in unterschiedlichen Neigungswinkeln, eine tiefgrüne, saftige Vegetation, die Laubbäume scheinen Jahrhunderte alt zu sein. Zum ersten Mal seit den letzten Ausläufern des Atlas-Gebirges in Südmarokko, also nach ungefähr 5.000 von mir zurückgelegten Kilometern, sehe ich so etwas wie einen Berg. Im Norden zieht sich ein gleichmäßiges Felsband in Form eines langgezogenen Tafelberges die Straße entlang. Die Einführung einer dritten Dimension verwirrt mich, steht der Landschaft aber außerordentlich gut. Afrika wie aus dem Bilderbuch. Ich atme tief durch und sauge die makellose Schönheit in mich auf. Ich bin versucht Mamadou zu bitten, hier zu halten, mich einfach abzusetzen. Hier, fernab der Städte möchte ich verweilen, scheint die Welt irgendwie noch heil. Doch schon die nächste Bodenwelle reißt mich aus meinen Träumereien und erinnert mich daran, dass ein solches Verweilen auch bedeuten würde, in diesen gottverlassenen Dörfern tagelang an der Straße zu stehen, um das nächste *Toca-Toca* zu erwischen. Es gibt keine Fahrpläne, keiner weiß, wann es weitergeht, vielleicht morgen, vielleicht auch erst nächste Woche. Und dann ist da noch die nahende Regenzeit, die meine Reise zeitlich limitiert.

Fünfeinhalb Stunden brauchen wir für die 100 Kilometer von Gabú nach Koundara, die nächste hektische Provinzstadt. Eine Reise ist in diesem Teil Afrikas anstrengend, eine schweißtreibende Angelegenheit und nicht der schnellste Transfer zwischen zwei geografischen Punkten. Du kommst an, wenn du ankommst und unterwegs ist Geduld gefragt, um die Dinge, die eben erledigt werden müssen, in Ruhe anzugehen. So stoppen wir am Abend ausgiebig in Koundara. Ein Passagier bricht zu einem Kondolenzbesuch auf. Mamadou, der unser sensibles Gefährt so feinfühlig am Leben hält und sanft zwischen den Schlaglöchern über die Piste trägt, fährt zu einer Werkstatt, um zwei „neue" gebrauchte, wahrscheinlich tausendmal geflickte Reifen zu besorgen. Mehrere Passagiere wollen sich an den Marktständen den Bauch vollschlagen, einige gehen vorher noch zum Gebet in die kleine Moschee.

Ich nutze die Zeit, um einen Kaffee zu trinken und treffe auf einen Marktbesucher aus dem Kamerun. Als er hört, dass ich Deutscher bin, schleudert mir der massige kleine Mann ein spontanes „You colonized me!" entgegen. Mein erster Gedanke ist: „Ich hab dich nicht kolonisiert!" Ich kann nicht genau sagen, ob sein Statement vorwurfsvoll gemeint ist, wie ein richtiger Scherz klingt es jedenfalls nicht. Darauf deuten auch seine leicht aggressiven Gesichtszüge und die Art wie seine Augen blitzen hin. Allerdings ist der Kameruner offensichtlich deutlich jünger als 110 und ich bezweifele stark, dass er noch persönliche Erinnerungen an die deutsche Kolonialzeit hat. Auf deutscher Seite hat nämlich schon der Erste Weltkrieg dem kolonialen Unfug ein Ende bereitet. Anschließend haben dann die Franzosen des Kaisers Job in Kamerun vollendet. Doch ich bin gedanklich nicht gewappnet für dieses Thema, mir fällt einfach keine halbwegs intelligente Antwort ein und so schweige ich. Je mehr ich darüber nachdenke, umso mehr bin ich selbst überrascht, wie überschaubar mein Detailwissen über Deutschlands koloniale Vergangenheit ist. Ich erinnere mich an ein paar dürre Schulstunden über den Imperialismus, kenne geradeso die Namen der deutschen Kolonien und weiß in etwa, wann sie sich das Kaiserreich unter den Nagel gerissen hat. Wer überhaupt kennt die deutschen Gouverneure Kameruns? Die Befehlshaber von Togoland, von Deutsch-Südwest, Deutsch-Ostafrika oder von Tonga? Die Schurken, die im Zweiten Weltkrieg als Reichsprotektoren oder Generalgouverneure im eroberten Osten ihr Unwesen

BEIM WARTEN AUF DAS BUSCHTAXI IST OFT ZEIT FÜR MEHR ALS EINE MAHLZEIT

GELDWECHSLER IN GABÚ/GUINEA-BISSAU

trieben, sind hingegen auch heute noch sehr viel bekannter. Gab es in den Kolonien überhaupt Gouverneure? Was haben wir Deutschen da unten angestellt? Offenbar Petitessen im Vergleich zu den großen Themen der deutschen Geschichte. Mein Hirn kramt nach der nicht vorhandenen Kolonialdatei, aber meine Versuche etwas Kluges zu entgegnen, bleiben fruchtlos. Mir fallen nur Allgemeinplätze und Plattitüden ein, die ich lieber für mich behalte. Also lassen wir das Thema einfach ruhen. Trotzdem nagt die Situation an mir, bleibt ein schlechtes Gewissen.

Langsam sickert die Erkenntnis ein, dass meine distanzierte Haltung zum Thema „Kolonien“ geprägt ist von dem vagen Gefühl, „das waren ja die ›Anderen‹“, also Briten, Franzosen, Niederländer. Sehr kurzsichtig. Auch unsere Vorfahren haben in Afrika beim großen Spiel von Kolonisation und Ausbeutung, der Jagd nach Rohstoffen, Agrarprodukten und Absatzmärkten mitgemischt, auch der Kaiser wollte für sein Reich „den Platz an der Sonne“. Wenn es auch schon 100 Jahre her ist, der Zeitraum nur 30 Jahre umfasste und das Ganze in kleinerem Maßstab als bei Briten und Franzosen stattfand. Nur ein verlorener Weltkrieg hat die deutsche Plünderung Afrikas gestoppt. Und die Menschen hier in Afrika erinnern sich sehr wohl daran. So wächst bei mir die Erkenntnis, dass ich offensichtlich dazu neige, Deutschlands historische Rolle und die damit verbundene Verantwortung zu relativieren und als Marginalie auszublenden. Des Kaisers Untertanen haben sich doch nicht etwa Gravierendes zu Schulden kommen lassen? Was hat Deutschland im Vergleich zu den klassischen imperialen Kolonialmächten in Afrika schon für eine Rolle gespielt? Okay, in irgendeiner Gehirnwindung gräbt mein Unterbewusstsein dann doch ein paar „aufmüpfige" Herero aus. Von denen habe ich gehört, dass deutsche Soldaten sie in die Wüste des heutigen Namibias getrieben haben. Klingt immer noch vergleichsweise harmlos. Bei näherer Betrachtung lerne ich aber, dass sie dort mit Waffengewalt von den Wasserstellen ferngehalten wurden. Sie sollten einfach verdursten. Erschrocken lese ich, dass das Schicksal der Herero schon damals – weit vor der Machtübernahme der Nazis – von einem deutschen „Vernichtungsbefehl" besiegelt wurde. Das Hirtenvolk der Herero sollten nicht nur besiegt werden. Das Kaiserreich wollte sie endgültig loswerden. Die Verantwortlichen wussten genau, dass die Herero – übrigens wohl mindestens 80.000 Menschen – in einer wasserlosen Wüste wie die Fliegen sterben würden. Völkermord!

Wir wissen in Deutschland reichlich wenig von den 30 Jahren deutscher Herrschaft über das einst immerhin drittgrößte Kolonialimperium. Doch haben wir ja schon mit unserer Nazi-Vergangenheit ein sehr problematisches Thema an den Hacken. Was juckt uns da ein kurzes koloniales Intermezzo des dritten Vorgängerstaates unseres heutigen Deutschlands? Die Situation mit meiner kamerunischen Zufallsbekanntschaft eskaliert jedenfalls nicht weiter. Richtig näher kommen wir uns beim Kaffee aber auch nicht und der Mann scheint nicht gewillt, seine Anklage weiter auszuführen oder mit mir ins Gespräch zu kommen.

Koundara ist nicht nur mein Stopp für eine Lektion Geschichtsbewusstsein, sondern auch der Stopp fürs Abendessen. Mamadou ist inzwischen mit frischen *Pneus* zurück und so essen wir gemeinsam auf Holzbänken an einer kleinen Marktbude. Nach zehn Stunden Staub und Schweiß bei über 40 °C kommt endlich eine große Aluschüssel mit einem Reisgericht für alle auf den Tisch. Am Rand der Schüssel, in die jetzt acht Reisende ihren Löffel stecken, finden sich ein paar Hühnerteile oder ein wenig Fischsoße, oft aber auch nur „grüne Blätter“, also Gemüse, Knoblauch und Chili. Wir löffeln gemeinschaftlich direkt aus dem großen Napf.

Natürlich gab es vor dem Essen keine Waschmöglichkeit: Der Markt besitzt keine funktionierenden Wasserhähne mehr. Den Durchreisenden bleiben nur ein paar Tropfen des gefilterten Trinkwassers aus einem der transparenten 4-cl-Plastikwassersäckchen, die auf den Märkten überall verkauft werden. Nach Gebrauch wird dieser Plastikmist wo man geht, steht oder fährt umgehend entsorgt. Natürlich haben auch Löffel, Gläser und Schüssel vorher nicht das Energiesparprogramm einer Spülmaschine durchlaufen, sondern wurden auf der Straße in einer Plastikschüssel mit schon braunem Wasser so gut es eben geht gereinigt. Die himmelschreienden hygienischen Zustände werden kompensiert vom guten Gefühl, die kargen Ressourcen brüderlich zu teilen. Weiß Gott kein üppiges Mahl, aber ein echtes Gemeinschaftserlebnis.

In stockdunkler Nacht geht es auf einer „neuen“ chinesischen Straße endlich weiter. Die soll unsere Reise beschleunigen und – noch wichtiger: Wir werden weniger Staub fressen. Was aber nicht bedeutet, dass nicht auch die neue Rollbahn schon wieder Schlaglöcher hat. Auch hier halten wir uns an Geschwindigkeiten zwischen 20 und 50. Natürlich stoppen wir noch unzählige Male: für Gebete, Kaffee oder Orangen an der Straße. Mamadou mit seinem dauer-skeptischen Blick hat mich seit dem Abendessen quasi adoptiert und so begleite ich ihn immer wieder auf eine Zigarette oder eine Tasse schwarzen Kaffee, die ihn hinter dem Steuer wachhalten soll. Auch Gepäckboy und Mechaniker sitzen mit am Tisch. Beide wollen weg aus Guinea, am besten nach Deutschland. Das offizielle Deutschland ermutigt afrikanische Flüchtlinge inzwischen, daheim zu bleiben. Vor diesem Hintergrund waren die Selfies von Flüchtlingen mit Angela Merkel tatsächlich ein Marketing-Super-Gau mit Langzeitwirkung. „Mama Merkel" löst hier immer noch Begeisterungsstürme aus. Ronaldo, Neymar jr., Angela Merkel: so in etwa die Reihenfolge im Popularitäts-Ranking.

Warum es so schwierig sei, nach Deutschland zu kommen, wenn Mutter Angela doch mit offenen Armen warte, fragt sich noch immer Mancher. Ob ich sie nicht irgendwie mitnehmen könne, werden die Jungs vom Bus konkreter. Richtig vorstellen können sich unsere beiden fleißigen Helfer nichts unter einem Leben in Deutschland und ich mache ihnen nicht gerade viel Hoffnung auf eine goldene Zukunft. Aber einfach ist das Leben in Guinea eben auch nicht und in Deutschland muss aus mirakulösen Gründen alles irgendwie besser sein. Viele Menschen

Guineas haben 60 Jahre nach der Entkolonisierung des Kontinents fast jede Hoffnung auf eine Verbesserung ihrer Lebensverhältnisse aufgegeben. Und so ist Angela Merkel ihr Hoffnungsschimmer. Ein besseres Leben in Europa erscheint realistischer als Fortschritt daheim.

Mamadou liest aus wachen Augen unermüdlich die finstere Landstraße mit all ihren Tücken. Wie jemand, der einen 250 Kilometer langen Lochstreifen auswendig kennt. Unnötig zu sagen, dass unsere Scheinwerfer eher spärlich glimmen und wir uns offensichtlich nur im Funzellicht der Parkleuchte vorwärts tasten. Trotzdem besitzt Mamadou die hellseherische Gabe, Schlaglöcher anzubremsen, die erst Sekundenbruchteile später aus dem Nichts auftauchen. Er ist ihnen schon ausgewichen, bevor ich sie sehe. Später, schon weit nach Mitternacht, werfe ich ihm immer wieder einen Blick von der Seite zu, um zu sehen, ob er seine Augen noch aufhalten kann. Morgens um 4:30 Uhr, nach gut 15 Stunden und 350 knochenharten Kilometern, haben wir dann endlich die Provinzhauptstadt Labé erreicht – völlig übermüdet und dreckig wie die Erdferkel mit einer Zentimeter dicken Staub- und Schweißschicht auf der Haut.

Guinea, ein tolles Land! Meine ersten zwei Millionen mache ich in zehn Minuten an drei verschiedenen Bankautomaten. Leider nur in Guinea-Francs. Der größte Schein im Umlauf ist ein 20.000er, ungefähr der Gegenwert von zwei großen Flaschen Wasser oder 2 Euro. Meine Übernachtung kostet aber schon 300.000. *Cash* ist *King* und Automaten gibt es nur in größeren Städten. Was den

Schluss zulässt, dass die Wirtschaft marode ist und Normalsterbliche in Guinea nicht allzu häufig größere Mengen Bargeld benötigen. Ab heute werde ich wohl mit einem zusätzlichen Geldkoffer reisen müssen. Doch längst ist in Guinea das Handy die elektronische Geldbörse. Westafrika ist bei den mobilen Bezahlsystemen ganz weit vorne dabei. Aber vielleicht ist Deutschland auch einfach nur Lichtjahre zurück. Schön, dass wenigstens der moderne Zahlungsverkehr in Guinea so gut klappt – und das, obwohl hier kaum jemand Reichtümer angehäuft hat.

Was mich nach Guinea lockte, waren jedoch nicht High-End-Bezahlsysteme oder die Millionen aus dem Geldautomat, sondern die atemberaubende Schönheit des Fouta-Djallon-Gebirges, genauer gesagt, eher ein großes Plateau zwischen 900 und 1.250 Metern Höhe mit einigen Bergrücken an den Rändern. Alle mächtigen westafrika-

Landstraße im Busch, Grenzgebiet Guinea-Bissau/Guinea

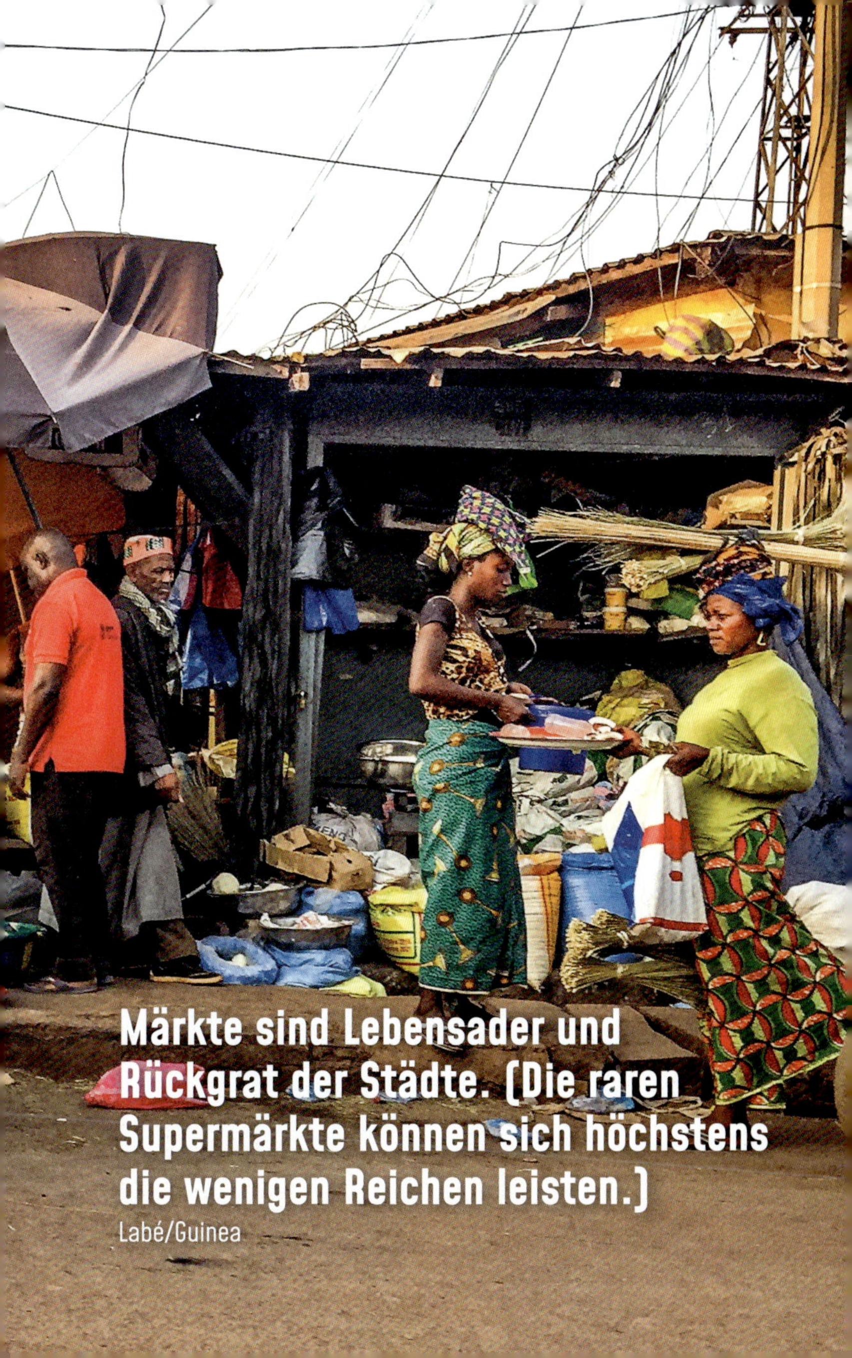

Märkte sind Lebensader und Rückgrat der Städte. (Die raren Supermärkte können sich höchstens die wenigen Reichen leisten.)

Labé/Guinea

nischen Flüsse, Niger, Senegal- und Gambia-River, haben hier ihr Quellgebiet. Hier hoffe ich, einen Zugang zum ländlichen Afrika, Wandermöglichkeiten in ursprünglicher Natur und wieder Temperaturen unter 40 °C zu finden.

Schon die erste Motorradexpedition erfüllt meine Hoffnungen voll und ganz: Die Chutes de Saala, eine Serie von Wasserfällen etwa 40 Kilometer westlich von Labé, hat sich spektakulär in eine tiefe Schlucht gefressen. Der Blick auf die Fälle, die in mehreren Stufen in den 200 Meter tieferen Canyon stürzen, ist fantastisch, auch wenn der Wasserschwall am Ende der Trockenzeit nicht mehr üppig ist. Noch schöner als diesen Anblick zu bewundern, ist das erfrischende Planschen in diversen Pools oberhalb des großen Falls, umgeben von tropischem Regenwald. Entlang der Kaskaden steige ich von einer ruhigen Lagune

Menschenleere, ursprüngliche Landschaft um die Wasserfälle Chutes de Saala

immer tiefer ab. So bekomme ich auf dem Weg zur letzten Abrisskante immer neue Perspektiven auf Fluss, Kaskaden und Fälle geboten. Im Fouta Djallon kollidieren die niedrig hängenden, schweren Regenwolken mit dem einzig nennenswerten Gebirge im westlichen Afrika. Es regnet dort häufiger als in der tiefergelegenen Nachbarschaft. Da das viele Wasser vom Plateau mit seinen steilen Felswänden irgendwie wieder runter muss, gibt es in der Region unglaublich viele Wasserfälle. Die Chutes de Saala sind nur einer davon. Traumhafte Möglichkeiten zum Campen und Schwimmen in Hülle und Fülle! Doch mit dem Buschtaxi erreichen Neugierige die Wasserfälle nicht, das geht nur per Motorradtaxi. Wie schon so oft vermisse ich hier schmerzlich die Unabhängigkeit, die ein eigener fahrbarer Untersatz bietet.

DOUCKI/GUINEA

Pain mayonnaise à la Doucki

Mehr ursprüngliches Afrika und raue Natur bietet die Szenerie zwei Tage darauf in Doucki. Hier führt Hassan Bah sein preußisch strenges Regiment. Das Alter des drahtigen Mannes mit *Kufi* kann ich nur schwer schätzen. Das nur noch wenige Zähne seinen Unterkiefer zieren, ist sicher einer der Gründe dafür. Hassan ist die einzige Person, der ich bei meinem Aufenthalt in Guinea begegne, die ich als erfolgreichen Unternehmer bezeichnen würde. Er bietet Trekking-Touren rund um die Doucki-Schlucht an, ist bekennender Muslim und Kapitalist, stellt stramme Preise in Rechnung, ist praktisch 24 Stunden telefonisch erreichbar oder ruft umgehend zurück. Von seinem Mobiltelefon dirigiert er ein halbes Dorf, um Gäste in seinen grasgedeckten Unterkünften zu versorgen. Darunter unzählige Brüder, angeblich 13 eigene Kinder, zur Zahl seiner Frauen schweigt er. Doch Hassans Residenz mitten im Busch muss man erst einmal erreichen.

Das Buschtaxi besitzt keinen Starter mehr und wird vom Fahrer voll besetzt angeschoben. Das bedeutet, er muss aufspringen, wenn die Kiste rollt und sich auf den Fahrersitz quetschen. Das ist gar nicht so einfach, da inklusive Fahrer in Guinea üblicherweise vier Erwachsene auf der Vorderbank sitzen und unser Chauffeur nicht gerade ein Hungerhaken ist. Da es unterwegs natürlich diverse Stopps gibt, um Öl und Wasser aufzufüllen oder irgendetwas an der Mechanik zu flicken, muss diese Prozedur ständig wiederholt werden. Insgesamt sind wir also zu zwölft auf drei Bänken im Auto verteilt. Halt! Es fehlen noch die quergelegten Kinder. Immerhin sind es diesmal nur zwei, *tutti completi* also vierzehn Passagiere im Innenraum – wir nähern uns der Platzbelegung, die in Guinea als Vollauslastung betrachtet wird. Die ist aber erst erreicht, wenn auch das mit Gepäck beladene Dach nicht ungenutzt bleibt. Auf einem entgegenkommenden Taxi zähle ich sieben Personen, die hoch oben auf einem Gepäckberg thronen. Zwanzig plus ist also durchaus realistisch für diese altersschwachen Wagen. Erst dann grinst der Fahrer breit, weil er jetzt so richtig ans Verdienen kommt. Heute ist noch ein Ziegenbock an Bord. Während der Fahrt überkommt das zwischen Kanistern auf dem Dach verzurrte Huftier unglücklicherweise ein tierisches Bedürfnis. Mangels Regenrinne und Seitenscheiben werden wir Fahrgäste im Innenraum mit einem feinen, streng riechenden Spray beglückt. Zumindest bis der Fahrer dem Spuk ein Ende macht. Nach einer Vollbremsung bekommt der inkontinente Bock auf dem Oberdeck aus einer um-

Viehtransport auf dem Oberdeck: in Westafrika nicht ungewöhnlich

funktionierten Zeltplane eine Windel verpasst – und das Leck ist abgedichtet.

Die Straße nach Doucki ist natürlich wieder keine. Ihr Vorhandensein hat sich wohl eher einfach so ergeben. Vieh rennt durch den Busch, Menschen folgen den ausgetrampelten Spuren zwischen Dornenbüschen hindurch, später quälen sich Mopeds den Pfad entlang, bevor Autos und Lastwagen sich an der Piste versuchen. Hier und da noch ein Spatenstich, „et voilà, la route est finie", so zumindest meine Vermutung. In Guinea ist es möglich, wahllos eine Straße von der Landkarte zu picken und schon ist eine weltmeisterschaftswürdige Rallye-Sonderprüfung abgesteckt. Vorausgesetzt die Straße ist noch da, denn die Karte wird in den 30er-Jahren des letzten Jahrhunderts angefertigt worden sein und noch von den Franzosen stammen. Seitdem sind eine Menge Regenzeiten über das Land hinweggezogen und diverse Straßen wurden einfach ausradiert.

Sékou Touré, zunächst Gewerkschaftsführer und Abgeordneter in der französischen Nationalversammlung, hat Guinea 1958 als einziges Land Westafrikas in die vollständige Unabhängigkeit geführt. Bekannt wurde seine selbstbewusste Aussage: „Wir ziehen Armut in Freiheit einem Reichtum in der Sklaverei vor." Fast schon prophetisch! Das mit der Armut hat hervorragend geklappt, mit der Freiheit ist das so eine Sache. Unter Tourés Herrschaft als erstem Präsidenten des Landes ging es ein Vierteljahrhundert kontinuierlich bergab. Ein inoffizieller Boykott Frankreichs, verzweifelte sozialistische Experimente, Korruption und Vetternwirtschaft trugen ihren Teil dazu bei, Guinea zu ruinieren. Das Übliche halt in dieser Weltgegend. Ich weiß nicht, ob Touré auch etwas zum Straßenbau gesagt hat, aber in den letzten 60 Jahren hat Guinea wohl kaum noch in Infrastruktur und Straßen investiert. Im weltweiten Index für Innovation belegt das Land zum Zeitpunkt meiner Reise den vorletzten Platz. O.K., in ein paar anderen Ländern ist gar keine Innovation messbar, was es jedoch nicht viel besser macht. Summa summarum: Guinea ist bettelarm. Zudem hat Guineas Zwölf-Millionen-Volk während der Bürgerkriege in den Nachbarländern Sierra Leone und Liberia zwischenzeitlich über eine Million Flüchtlinge aufgenommen. Das ist im Verhältnis zur Bevölkerungsgröße fast die siebenfache Menge der Menschen, die während der Flüchtlingskrise nach Deutschland kamen!

Mitte der 1980er schien nach Sékou Tourés Abgang und den ersten Turbulenzen des Machtübergangs der Weg frei für eine positive Entwicklung Guineas, basierend auf dem Rohstoffreichtum des Landes. Guinea besitzt die größten Bauxit-Reserven des Planeten. Aus Bauxit wird Aluminium gewonnen. Für jede Cola-Dose, jedes Flugzeug, jedes Auto wird heute das leichte und stabile Metall gebraucht. Aber auch Guinea wurde ein Opfer des „Ressourcenfluchs", der viele Staaten ins Unglück stürzt. Angola, Nigeria, Niger, der Kongo, Sambia, der Sudan, aber auch Venezuela und Bolivien auf der anderen Seite des Atlantiks, sie alle leiden unter diesem geheimnisvollen Phänomen: reiche Rohstoffvorkommen, armes Volk. Andere nennen das Problem „Rohstoffparadox" oder die „Holländische Krankheit". Was klingt wie eine heimtückische Lustseuche, ist ein wirtschaftlich katastrophales Phänomen, das die Niederlande infolge des Erdgasbooms in der Nordsee befiel und erstmals in den 1960er-Jahren ausführlich beschrieben wurde.

Der unvoreingenommene Betrachter denkt beim Thema Bodenschätze zunächst an abstrus reiche Scheichs und wie schön es doch wäre, bei der Pflege der Radieschen im eigenen Garten auf Erdöl zu stoßen. Rohstoffe: Super! Das Zeugs muss nur irgendwie aus der Erde geholt und dann verscherbelt werden! „Money for nothin' and chicks for free!" So ist das auch in Afrika, allerdings gibt es „money and chicks" nur für die zahlenmäßig winzige Oberschicht, die das Land plündert, „for free". Denn in der Praxis ist es leider komplizierter mit dem Rohstoffreichtum. Die Niederlande durchlebten mit dem Gasverkauf eine ernste Krise. Als Bezahlung für das Gas kamen immer mehr Devisen ins Land. Das erhöhte die Nachfrage nach der heimischen Währung, dem Gulden, der sich stark verteuerte. Somit wurden aber auch alle anderen Produkte der niederländischen Industrie für das Ausland teurer und ausländische Produkte in den Niederlanden billiger. Die heimische Industrie war mit einem Schlag weniger konkurrenzfähig und schrumpfte! Es war günstiger und einfacher, die bisher selbst hergestellten Waren aus dem Ausland zu importieren. Arbeitsplätze in vielen Wirtschaftszweigen und auch die Fähigkeit, technologisch anspruchsvollere Dinge zu produzieren, gingen im Zuge der

Ressourcenausbeutung verloren. Diesen Schrumpfungsprozess konnte die Gasförderung nicht kompensieren.

Der Ressourcenfluch trifft heute viele Länder Westafrikas mit brachialer Gewalt. Wirtschaftszweige verschwinden, bis eine fast vollkommene Abhängigkeit von den Rohstoffeinnahmen hergestellt ist. Meist sind in diesen Ländern autoritäre Regime an der Macht, in denen Korruption allgegenwärtig ist. Die *bad guys* investieren aber nicht in Schulen und Straßen, sondern lieber in Waffen. Die eigenen Pfründe aus der „Rohstoff-Rente" müssen verteidigt werden. Laut Berechnungen des Professors am Zentrum für afrikanische Ökonomien der Universität Oxford, Sir Paul Collier, steigt das Bürgerkriegsrisiko bei Staaten, die überwiegend von Rohstoffen leben um das 40-fache gegenüber Ländern, denen es an Rohstoffen mangelt. Da die Rohstoffe so wertvoll und oft die einzig verbliebene relevante Einnahmequelle sind, wird lange und ausdauernd um sie gekämpft. Sezessionsbewegungen, Söldnertruppen, feindselige Stämme, schwerbewaffnete *Warlords,* religiöse Fanatiker: Afrika hat all das zu bieten, jeder kämpft um sein Stück vom Kuchen. Die Konflikte ziehen sich wiederum in die Länge, da die Rohstoffe eine unerschöpfliche Geldquelle darstellen.

Aber auch ohne Krieg fehlt den Rohstoffstaaten der Druck sich zu verändern. Die „Rente" fließt stetig, wozu Forschung und Entwicklung? So haben sie längst den Anschluss an die Wissensgesellschaft verloren. Das paradoxe Ergebnis: Die „Fat Cats" – so wird die *Upperclass* in Südafrika genannt – können ernten, ohne säen zu müssen, das

Volk verharrt im Elend, lebt trotz unendlicher Reichtümer von der Entwicklungshilfe. Nigeria ist ein besonders extremes Beispiel dafür. In 25 Jahren haben sich die Öleinnahmen verdoppelt, doch das Pro-Kopf-Einkommen der Nigerianer sank im gleichen Zeitraum um etwa 30 Prozent, wie das Nachrichtenmagazin DER SPIEGEL schreibt! Das hat selbst die wirtschaftsliberale Weltbank erkannt, der man wahrlich kaum linke Ideen unterstellen kann.

Der Ressourcenfluch ist kein Naturgesetz. Voraussetzung, um Bodenschätze zum Vorteil der eigenen Bevölkerung zu nutzen, ist jedoch die Existenz eines starken Staates mit funktionierenden Institutionen, der die kluge Verteilung des Reichtums regelt. „Good Governance" nennt man das heute. Blöderweise haben es die Staatslenker aber gar nicht nötig eine funktionierende Verwaltung, die für Recht und Ordnung sorgt und Steuereinnahmen generiert, zu errichten. Für ihr Auskommen sorgt ja die „Rohstoff-Rente", ums Volk kümmert sich die Entwicklungshilfe. Da diese Staaten auch von ihren Bürgern keine Steuern verlangen, fühlen sich die *Leader* im Gegenzug auch nicht in der Pflicht, für Straßen, Krankenhäuser und Schulen zu sorgen. Dass sie mit ihrer Gier obendrein noch das Einfallstor für rücksichtloses Handeln großer Konzerne offenhalten, die so auch einige ihrer Umweltprobleme nach Afrika auslagern können, kümmert sie nicht. Hauptsache die Kasse stimmt. Als wäre das noch nicht genug, zerstört die grassierende Korruption den letzten Anreiz, unternehmerisch tätig zu werden. Das Ergebnis ist ein totaler Vertrauensverlust der Bürger in ihren Staat. So auch in Guinea.

Flotte der Sept-Place-Buschtaxen befördert die Marktbesucher zurück in ihre Dörfer

Markttage sind eine Nachrichtenbörse und gute Gelegenheit zum Austausch

Steiniger Weg nach Doucki im Fouta-Djallon-Gebirge, hier ein besseres Stück der Piste

Später, in Conakry, gibt mir Fokam, ein eloquenter Journalist aus dem Kamerun, einen kurzen Abriss über die jüngere Geschichte Guineas. Auf Sékou Touré folgten in kurzen Abständen Wahlbetrug, Putsch, Militärdiktatur, Rebellen, Revolten, Generalstreiks, Flüchtlingswellen aus den Nachbarländern, Attentate – das volle Programm der afrikanischen Malaise.

2008 fand in diesem gar nicht so fröhlichen Chaos ein Staatsstreich statt, den die Guineer „le putsch allemand", den „deutschen Putsch", nennen. Moussa Dadis Camara machte sich zum Chef einer Junta, die das Land ein Jahr lang mit eiserner Hand beherrschte. Sein Markenzeichen: das rote Barett mit dem Abzeichen der deutschen Fallschirmjäger. Das Abzeichen hat er sich ehrlich verdient. Vier Jahre wurden Camara und andere Junta-Mitglieder von der Bundeswehr in Dresden und Bremen ausgebildet. Aus Sicherheitsgründen heckten sie ihren perfiden Plan in deutscher Sprache aus. Eine Sprache, die in Guinea kaum jemand versteht. Die Junta beging in ihrer kurzen Herrschaft brutale Massaker an der eigenen Bevölkerung, teils mit aufgepflanztem Bajonett. Die Bundeswehr bildet schon seit langem Offiziere aus unterschiedlichen Ländern aus, unter anderem um demokratische Werte zu fördern. Bei Camara ging der Schuss nach hinten los. Statt daheim demokratische Strukturen zu stützen, sorgte er für weitere Flüchtlinge.

Nur langsam konnten die Menschen Guineas demokratische Verhältnisse erkämpfen. 2010 gelang eine freie demokratische Wahl. Die Situation schien sich endlich zu verbessern. Doch schon 2014 kam Ebola und erneut wurden Projekte gestoppt und die Mitarbeiter ausländischer Firmen und Organisationen evakuiert. Derzeit kehrt langsam wieder ein wenig Leben in die Wirtschaft zurück. Auf die Infrastruktur hat das aber noch keinen spürbaren Einfluss. Trotz des Reichtums an Bodenschätzen fristet der größte Teil der Bevölkerung weiterhin ein Leben in Armut, ohne fließendes Wasser oder Kanalisation. Selbst in den Provinzstädten gibt es meist nur abends kurz Strom. Guinea wartet also noch immer auf seine wirtschaftliche Morgenröte und so rumpele ich weiter straßenlos über Fels und durch trockene Flussbetten Doucki entgegen. Gute 40 Kilometer Piste in drei Stunden, die den Bandscheiben alles abverlangen.

Während mein Gefährt mit den dreizehn verbliebenen Fahrgästen und einem Anschieber langsam mit stotterndem Motor in einer Staubwolke verschwindet, strecke ich mühsam meine steifen Gliedmaßen – abgesetzt in einer unbekannten Ansammlung von Hütten irgendwo in Afrika. Wo bin ich, wie komme ich zu Hassan und wie weit ist das? Wie so oft inzwischen denke ich erschöpft: „Ich bin zu alt für diesen Scheiß!“ Jemand zeigt eine Straße entlang, die in der Ferne zwischen Busch und Bäumen verschwindet, ohne dass ich nach einem Ziel gefragt habe. „Da lang!“, soll das wohl heißen. Damit ist auch die Frage nach dem „Wie“ beantwortet: Natürlich zu Fuß! Offensichtlich weiß jeder hier, dass mein Ziel nur Hassans Herberge sein kann. Das ist gut, denn es bedeutet, sie kann nicht allzu weit entfernt sein, wenn die Dorfbewohner sie kennen. Nicht weiter als ein oder zwei Tagesmärsche vielleicht, da bin ich sicher. Nach 200 Metern gibt es dann sogar einen Wegweiser! Also nur noch ein 30-minütiger einsamer Gepäckmarsch durch den Busch. Gut, dass hier gerade keine Raubkatzen herumlaufen – ich wäre das perfekte Lunchpaket!

Bei Hassan angekommen, beziehe ich eine kleine, grasgedeckte Rundhütte. Strom von einem Solarpanel, der ein paar matte Glühbirnen befeuert, Wasser aus dem 20-Liter-Kanister, ein Donnerbalken. Eine wilde Kollektion irgendwo erbeuteter, polsterähnlicher Gegenstände, die zusammen eher schlecht als recht die unebene Topografie meiner Matratze bilden. Geduscht wird mit der Schöpfkelle aus dem Eimer. Wie ich schnell feststelle, sollte man das besser bei Tageslicht erledigen. Duschen mit Stirnlampe erhöht den Schwierigkeitsgrad. Natürlich gibt es keine Ablage für Brille, frische Wäsche und keinen Haken fürs Handtuch. Soeben geduscht sind die frisch gewaschenen Füße schon wieder schwarz, denn ich taste in mondloser Nacht zwischen Staub und Steinen nach meinen Habseligkeiten – für die sich in der Zwischenzeit hoffentlich keine der streunenden Ziegen interessiert hat.

Doch der mühselige Weg nach Doucki hat sich gelohnt. Das Dorf liegt auf dem letzten Stück einer langgezogenen Plateauzunge wie auf einer Halbinsel. Rundherum abfallende Terrassen oder Schluchten. Noch am Ankunftstag breche ich mit Hassans Sohn Alassin von meinem Lehmboden-Domizil zum Rand der Schlucht auf, um den Blick über das, was Hassan „Grand Canyon“ nennt, zu genießen.

Scheinbar endlos erstreckt sich die Schlucht mit ihren vielen Steilabbrüchen nach Westen bis sie am Horizont im Dunst verschwimmt. In der Tiefe sieht man winzige Dörfer, der Rand des Canyons ist gekrönt von Bäumen, die an die Schirmakazien Ostafrikas erinnern. Die Sonne taucht alles in ein kräftiges Orange. Das klassische Afrika-Klischee, nur ohne Großwildherden.

Später löffele ich mein Abendessen gemeinsam mit Thomas, einem jungen Franzosen, der für eine NGO arbeitet, aus Hassans großem Topf. Außerdem mit Löffeln bewaffnet sind Thomas' Eltern sowie deren immer gut gelaunte Fahrer und Guides. Thomas kümmert sich um ein Projekt zum Ausbau der Infrastruktur für lokale Fischer. Er ist sich noch nicht sicher, ob seine Bemühungen einen nachhaltigen Effekt haben werden. Zu frisch sei das Projekt, schwierig die Zusammenarbeit mit den Behörden. Es

Nicht mehr viele Behausungen kommen nur mit traditionellen Baustoffen aus

fließt jetzt Geld in den kleinen Ort, um den Hafen auszubauen. Damit existieren erst einmal hundert Möglichkeiten von den Investitionen etwas abzuzweigen. „Ob es gelingt, das Bewusstsein zu schaffen, dass diese Investition auch langfristig gepflegt und erhalten werden muss, steht in den Sternen." Thomas setzt große Hoffnungen auf die Frauen des Ortes. „Wenn in Guinea jemand etwas bewegen kann und bereit ist, über den Tag hinaus zu denken, dann sie."

Nach dem Essen lädt mich Thomas' *Crew* zur Ataya-Zeremonie ein, die man in ganz Westafrika kennt. Auf dem Benzinkocher haben sie grünen Tee erhitzt, der dann aus einer Kanne aus großer Höhe kunstvoll in kleine Gläschen geschüttet wird. Anschließend wird der Tee dreimal eilig zwischen zwei Gläsern hin und her gegossen, bis er schaumig wird. Das soll den Tee weniger bitter machen, obwohl sowieso mit viel Zucker nachgeholfen wird. Der Runden gibt es gewöhnlich drei, denn:

„Der erste sei bitter wie der Tod"
„Der zweite lieblich wie das Leben"
„Der dritte süß wie die Liebe"

Nachts, unter großartigem Sternenhimmel, erzählt Hassan seine Geschichte. Geboren wurde er 1962 in Sierra Leone, nur ein Jahr nach der Unabhängigkeit seines Landes von Großbritannien. Er berichtet von seiner Kindheit, seiner Vorliebe für die *Boy Scouts* und seiner Zeit als Schiffsmechaniker auf den Kanaren. Von den Kanaren aus hat er die Welt kennengelernt. Portugal, Norwegen, Libyen. Doch irgendwann gewann der naturverbundene Pfadfinder in ihm wieder die Oberhand, und er kehrte in die Berge Afrikas zurück. Diesmal nach Guinea, wo seine Familie ihre Wurzeln hat. In Doucki arbeitete er als regionaler Manager in der Gesundheitsvorsorge. Auf langen Fußmärschen brachte er Medikamente in entlegene Dörfer. So entdeckte er die verborgenen Naturwunder des Fouta Djallon. In dieser Zeit erwarb der zähe Knochen eine unkaputtbare Kondition und den Stechschritt mit der Frequenz einer Nähmaschine. Schließlich führte er erste begeisterte NGO-Mitarbeiter und deren Freunde durch die Region. Das sprach sich schnell herum und er startete sein Tourismus-Unternehmen. Das ernährt heute seine dreizehn Kinder und die Familien seiner Brüder. Sowie etliche Dorfbewohner, denen er kleine Einnahmequellen verschafft. Nachhaltiger Tourismus! Bei Hassan kommt das Geld zu 100 Prozent bei den Menschen vor Ort an: Seine Gäste bringen den Buschtaxen und dem kleinen Krämerladen Umsatz. Jedes Mal, wenn wir privaten Grund überqueren, zahlt Hassan einen niedrigen „Wegezoll" an den Landbesitzer, kauft bei den Bauern Obst oder Gemüse, hält einen Plausch mit den Nachbarn und führt den Kindern als Zugabe noch kleine Kunststücke vor. Nur beim Thema Religion krault Hassan nachdenklich seinen ergrauten Bart und bleibt schweigsam. Zu dünnes Eis?

Beim Aufbruch in dem kleinen Weiler nehme ich umgehend die Vielfalt exotischer Pflanzen wahr. Neben meinen ständigen Begleitern, den Mangobäumen, entdecke ich Avocado-Bäume, Jackfruits, Orangen und Kaffee.

Durch Buschwerk und Dornen steigen wir vom Plateau herunter in eine zerklüftete Felslandschaft, die das Wasser in Abermillionen Jahren geformt hat. In der Ferne zieht eine Horde Guinea-Paviane vorbei. Raue Gesellen, ihre Schreie klingen wie das Bellen einer Hundemeute. Sie haben unsere Anwesenheit genau registriert und ich schicke ein Stoßgebet zum Himmel, dass sie nicht neugierig sind. Mit der aggressiven Variante Pavian habe ich bereits einschlägige Erfahrungen gemacht: Auge in Auge mit einem keifenden Kraftbündel, die langen Eckzähne entblößt, 40 Kilo Muskeln, die denen des Menschen in puncto Kraft um ein Vielfaches überlegen sind. Aber diese Gruppe ist scheu und lässt uns in Ruhe. Die Beine vom Busch zerkratzt, geht es zwischen kleinen Wasserläufen immer tiefer in das Felslabyrinth mit kühlen, erfrischenden Badepools. Eine Wohltat, wenn es kaum Schatten gibt und die aufgeheizten Felsen zusätzlich von unten strahlen.

Unterwegs im Fouta-Djallon-Gebirge: wild wachsende Orchideen

In der größten Mittagshitze rasten wir im Schatten an einem kleinen Pool. Es gibt kalte Spaghetti aus einem großen Plastikeimer, gespickt mit kleinen Sardinenstücken mit der Wunderwaffe Mayonnaise geschmeidig gemacht. Wem das nicht gehaltvoll genug ist, kann sich gerne noch etwas Suppenwürfel auf das Gericht bröseln. Ziemlich eklig! Westafrika – wen wundert's – ist nicht gerade ein Paradies für Gourmets. Doch als Entschädigung ist nach dem kulinarischen Desaster immerhin noch eine kleine *Siesta* drin.

Dummerweise müssen die Höhenmeter, die wir abgestiegen sind, auch wieder aufgestiegen werden. Die heißeste Phase des Tages ist erreicht und bei 35 °C geht es bergauf bis die Sinne schwinden. Ab und zu muss ordentlich gekraxelt werden. Das Wasser wird weniger und der Kreislauf beginnt Faxen zu machen. Zu viel Sonne. Scheinbar macht unsere Wandergruppe körperlich nicht

Felsformation auf einem der Wanderwege

mehr den allerbesten Eindruck, denn beim letzten Badestopp ziehen wir einen Schwarm Geier an, der uns mit großem Interesse vom anderen Flussufer aus beobachtet. Einige Tiere haben die Flügel zum Trocknen ausgebreitet. Ich wäre ein infamer Lügner, würde ich an dieser Stelle noch behaupten, dass mich die Schönheit der Landschaft für die Strapazen entschädigt. Am letzten Anstieg flüchten noch ein paar rote Colobusaffen, dann ist endlich das Plateau erreicht. Jetzt nur noch fünf ebene Kilometer über steiniges Geläuf und schon ist mein bezaubernder Bungalow erreicht. Bei Hassan wartet die erquickende Erfrischung: Leckeres warmes Wasser aus einem großen Kanister. Die Geier müssen noch warten. Nur 16 Kilometer, aber ich bin fix und fertig.

Am nächsten Morgen findet noch eine weitere Runde mit Hassan statt. Meine athletische Rennschnecke trägt heute eine Kombination aus *Kufi* und Trekking-Funktionskleidung und legt in der schwülen Luft sofort ein ordentliches Tempo vor. Selbst bei höchster Marschgeschwindigkeit sind seine Augen stets rastlos auf der Suche, scheinen permanent die Umgebung zu scannen. Paviane? Schlangen? Bei unserem heutigen Ausflug kann er prächtig seinen gesamten deutschen Wortschatz, der aus den beiden Worten „Achtung, Dornen“ besteht, anbringen. Nur mit dem Timing hapert es, meine Beine sind längst zerschrammt. Die Felsformationen rund um den „Hyänen-Felsen“ sind spektakulär. Spektakulär ist auch der Brunnen, den ich hier bezahlt haben soll. „German taxpayers money“, flötet Hassan mir zu. Und tatsächlich entdecke ich an dem mit Zementmauern eingefassten Wasserspender eine Fußpumpe aus bestem deutschem Edelstahl inklusive Infotafel, dass die Bundesrepublik diese Anlage aus KfW-Mitteln finanziert hat. Immerhin scheint er seit vielen Jahren verlässlich zu funktionieren und den Menschen eine dauerhafte Erleichterung zu verschaffen. Obendrein sorgt er offensichtlich noch für jede Menge Spaß, denn kommt die Fußpumpe einmal in Schwung, erinnern die pumpenden Mädchen an die lachenden Passagiere einer Schiffsschaukel. Sinnvolle Entwicklungszusammenarbeit? Ja, vielleicht. Doch ein Brunnen lindert nicht die Sehnsucht nach einem Leben in Wohlstand, das nur in der Ferne möglich scheint. Kurz darauf stehen wir zwischen spitzen Felsnadeln im Primärregenwald. „Indiana-Jones-Schlucht“ nennt Hassan die Steintürme. Ein Natur- und Kletterparadies. Die vielen Lianen am Fels lassen sich perfekt als Leitern nutzen. Ich bin umgeben von rosa Orchideen und weiß blühenden Bäumen. Was für ein ungeheures touristisches Potenzial dieses Land besitzt. Aber es fehlt eine Infrastruktur, die einfachste Bedürfnisse eines Reisenden befriedigt. Die Aussicht auf zwei Wochen Patchwork-Matratze bei Baguette, Mayonnaise und Suppenwürfeln begeistert nicht jeden. Gut für mich, denn in Doucki ist es noch ruhig, ich darf Menschen, Land und Natur noch ohne touristische Auswüchse erleben.

„No problem to get to Dalaba tomorrow. It's market day in Pita. Lot of people going there!“ Der Hinweis kommt mir bekannt vor, ich habe ihn erst vor drei Tagen gehört. Aber ich habe ja auch keine Ahnung, wie oft in Pita

Markttag ist. Eine der vielen Afrika-Weisheiten lautet „Nichts muss, alles kann passieren." Und so werden an meinem geplanten Abreisetag aus „lot of people going to Pita" leider nur zwei – und für zwei Fahrgäste wird hier kein Tropfen Benzin vergeudet. Also muss heute nichts passieren und ich latsche von der staubigen Kreuzung die zwei Kilometer durch den Busch zu Hassan zurück. Meinen Rucksack kann ich übrigens im Büdchen an der Kreuzung lassen. Den bringt später das nächste vorbeikommende Motorrad mit. „No worries!" Ehrlichkeit ist Ehrensache, Diebstahl ein Kapitalverbrechen, das zum Ausschluss aus der Dorfgemeinschaft führt, wenn der Delinquent nicht schon vorher fast totgeschlagen wird. So übe ich einen weiteren Tag lang, pulverisierte Suppenwür-

Hassan beim Klettern in der „Indiana-Jones-Schlucht"

fel auf Mayonnaise-Baguettes zu dosieren. Eine weitere Nacht mit dünnem Instantkaffee und warmem Brunnenwasser. Aber besser als heute ein Verkehrsunfall. Eine gewisse Paranoia hat mich nach Tausenden von Kilometern in rostigen Klapperkisten und dubioser Straßenverkehrskultur erfasst. Neidisch blicke ich auf die französischen Entwicklungshelfer, die nur zu dritt in ihren nagelneuen japanischen SUV steigen und mit laufender Klimaanlage das Camp verlassen. Ich habe die Nase voll von tollkühnen Fahrern und der gefährlichen Fahrlässigkeit, mit der hier Verkehrsmittel betrieben werden. Vor jeder Fahrt wünsche ich mir, dass die Straße möglichst schlecht ist. Das bedeutet, dass die überfüllte Kiste nicht über 30 hinauskommen wird. Aber die Straße nach Conakry wird wohl die beste und vollste im ganzen Land sein, und ich hätte die ausstehenden 400 Kilometer heute gerne noch um 50 verkürzt. Ich werde es wohl morgen versuchen müssen.

In Dalaba mache ich letztmals Station, bevor ich mein Fernziel Conakry, die Hauptstadt Guineas, erreiche. Die lange Kette exotischer und verheißungsvoller Orte, die in Cádiz vor mir lag, ist auf nur noch zwei Namen zusammengeschrumpft. Das drei Sterne „Hotel du Fouta“ wurde als Erholungsheim für französische Truppen im kühlen, 1.200 Meter hoch gelegenen Dalaba erbaut und erinnert mich stark an die Kulisse eines Romans von Steven King. Schon der Check-in ist *spooky.* Acht Typen, bekleidet mit einer Kollektion aus Fußballtrikots und verwaschenen Werbe-T-Shirts, lungern in der Mittagshitze auf Fußboden und Möbeln um die Rezeption herum. Niemand beachtet mich, niemand spricht mich an, ich bin Luft. Verschwitzte, staubige Reisende mit großen Rucksäcken scheinen sich hier öfter völlig grundlos in der Lobby zu materialisieren. Unmöglich zu erkennen, wer zum Personal gehört und wer nur Schatten sucht. Ist der Dicke mit dem „Pfingstlauf 2008"-Shirt der Rezeptionist oder eher der Schmächtige mit dem Jubiläums-Shirt einer französischen Landfeuerwehr?

Als potenzieller Gast stehe ich in der Hotelhalle herum und bewundere das Ambiente. „Was will der Kerl nur?", scheint sich der Dicke auf der betagten Couch zu fragen. Schließlich werde ich ungeduldig und breche das beharrliche Schweigen mit der dreisten Frage, ob es nicht vielleicht ein Zimmer gibt. Eine der verschlafenen Gestalten erinnert sich daraufhin, dass er Hotelangestellter ist, löst sich vom Sofa und beginnt umständlich, das Gästebuch zu studieren. Das wirkt zwar professionell, ist aber wohl überflüssig, denn später entdecke ich nur vier weitere Gäste – bei einer Kapazität von mindestens 100 Betten.

Irgendwann vor der Jahrhundertwende scheint das Hotel bessere Zeiten gesehen zu haben. Augenscheinlich fand in den 1970er- oder 1980er-Jahren noch eine ehrgeizige Renovierung statt, bevor das Management aufgab, gegen den Zahn der Zeit zu kämpfen. Protzige Lampen der Flower-Power-Ära beleuchten die Zimmer, wuchtige Holzbetten mit eleganten Nachttischkonsolen zeugen von vergangenem Komfort für eine zahlungskräftige Klientel. Doch die geplünderten Konsolen besitzen längst keine Schalter mehr und das verdreckte Gehäuse bietet tiefe Einblicke in die Reste der Mechanik. Das eingebaute Radio und das Telefon sind verschwunden. Roomservice und ähnliche Annehmlichkeiten sind längst eingestellt. Das Restaurant ist bestückt mit schief hängenden afrikanischen Bildern und Masken, ein lädierter Waschmaschinenkarton rottet in der Hotelhalle offensichtlich seit Jahren vor sich hin. Bunte Plastikeimer setzen einige farbliche Akzente oder markieren einfach nur die Stellen, wo es durchregnet. Die Bar ist ausgestattet mit verschlissenen Ledersesseln und einem Instrument, das aussieht wie ein Flügel, aber keiner ist. Der Pseudo-Flügel gibt zwar noch Töne von sich, ist aber völlig verstimmt. Es gibt keinen Markt mehr für Bar- und Hotelpianisten in Guinea und wohl auch nicht mehr das Publikum dafür. Auch im Hotel du Fouta haben längst fürchterliche Elektropop-Konserven die Unterhaltung der Gäste übernommen. Diverse Autobatterien versorgen die Lautsprecher. Die hochgelobte Musik Guineas finde ich nicht, obwohl die auch als „Mama Afrika" bekannte Sängerin Miriam Makeba (1932–2008) hier in Dalaba gleich um die Ecke gewohnt hat. Das, was das Personal so auflegt, ist – mit Verlaub gesagt – Kacke. Kirmestechno!

Vor den blinden Spiegeln der Barregale stehen vereinzelte Flaschen mit gelbstichigen Etiketten. Der aufgedruckte Preis noch in Franc, die längst einer Währungsreform zum Opfer gefallen sind. Gleich neben der einmal repräsentativ angelegten Hotelzufahrt trocknet die Wäsche der Hotelangestellten über der Steppe, die früher eine Rasenfläche war. Unter ein paar widerstandsfähigen, aus der Form geratenen Bäumen verrottet still ein Minigolfplatz. Seit Jahrzehnten hat hier niemand mehr sein Eisen geschwungen. Im Nordflügel des Hotels residiere ich allein. Alle Türen stehen offen, sodass ich meine Zimmerausstattung flexibel ergänzen kann. Die Handtücher, die ich erbeute, riechen zwar nicht nach Frühlingswiese, sind aber definitiv unbenutzt. Schnell merke ich jedoch, dass ein Handtuch nicht so wichtig ist, wenn das Wasser fehlt. Genauso wie der Strom. Mir wird es während meines dreitägigen Aufenthalts nicht gelingen, zu duschen. Aber durch kluge, strategische Vorausschau schaffe ich es, die vorhandenen Eimer zu füllen. Verlasse ich mein Zimmer, steht der Eimer unter dem geöffneten Hahn. Und irgendwann während meiner Abwesenheit muss das Wasser dann einmal gelaufen sein. Als Entschädigung für die irreführenden Installationen im Bad besitzt mein Zimmer große Fenster, die viel Licht hereinlassen und Fernblick bieten. Blick auch auf eine neuere Terrasse mit Pool. Wohl ein letzter, verzweifelter Versuch, Gäste anzulocken. Mangels Wasser im Zimmer, beschließe ich ersatzweise ein Bad im Pool zu nehmen, breche das Unternehmen jedoch ab, nachdem ich sehe, was so alles in dieser grünlichen Pfütze schwimmt. Schade. Drei Tage mit erfrischendem Pool wären die höchste Form von Luxus gewesen, die ich mir gerade vorstellen kann.

Doch das Hotel du Fouta ist nicht nur ein Beispiel für den wirtschaftlichen Verfall Guineas. Es gibt ja auch die freundliche *Crew* hilfsbereiter Angestellter, deren Freunde und weitere, nicht näher einzuordnende Personen, die den

„German taxpayers money“: Kinder holen gemeinsam Wasser am „Deutschen Brunnen“

Heute kein Markttag: Geschlossene Stände vor der großen Moschee in Dalaba

Viehtransport per Motorradtaxi

ganzen Tag in der Anlage herumlungern. Alle geben sich redlich Mühe, meine vielfältigen Fragen zu beantworten, jedenfalls, wenn sie nicht gerade *Siesta* halten. Außerdem gibt es auf der Terrasse am Pool Bier – sogar kalt und mit Blick auf die Berge des Fouta Djallon! Frische Säfte, Limonade mit erträglichem Zuckergehalt, Wasser mit Kohlensäure, vielleicht sogar kalt oder ein echter Kaffee: Gewöhnlich Fehlanzeige. Verrückt: Schon der Wunsch nach einem kalten Getränk stürzt mich in ein moralisches Dilemma! Ist es verwerflich, respektlos gegenüber der Armut der Menschen, gar dekadent, überkandidelt oder schon postkoloniales Anspruchsdenken, wenn sich ein „alter weißer Mann" an einem bitterarmen Ort wie Dalaba ein kaltes Bier wünscht? Keine Ahnung, aber ich bin dabei in bester Gesellschaft mit den Einheimischen. Ich erinnere mich an eine Bar, in der sich die *Locals* regelmäßig morgens um sieben auf ein Bierchen trafen. Weil das Bier – nach der kurzen nächtlichen Generator-Phase – so früh am Morgen immer am kühlsten war.

Aus einer nachmittäglichen *Siesta* werde ich geweckt vom Geräusch eines Hackebeils. Noch leicht benommen schaue ich dem Koch zu, wie er auf einer wackeligen Holzbank im Freien, im Schatten eines großen Flammenbaums, ruhig und systematisch die frischgeschlachteten Hühnchen für das Abendessen zerlegt. Belauert von zwei Geiern, die in sicherer Entfernung herumhopsen und darauf warten, dass ein Happen für sie abfällt. Ich bin kein großer Fleischesser in diesen Breiten. In Asien mutiere ich bei ähnlichen Verhältnissen oft zum Vegetarier. Doch in

Westafrika scheint auch das Gemüse chronisch knapp und Fleisch ist immer ein Ausdruck von Wohlstand und Wertschätzung. Die Armen essen Brei mit ein paar ergatterten Fisch-, Fleisch- oder Huhnfetzen. Wer es sich leisten kann, isst Fleisch. Das Grünzeug ist meist nur Deko. Natürlich sind die Mahlzeiten kein Ausdruck verfeinerter Sinnlichkeit. Der Zweck steht eindeutig im Vordergrund: Sie müssen satt machen. Heute Abend ist Fleisch nicht zu vermeiden. Also esse ich mein Huhn, obwohl es leicht bläulich schimmert und seltsam schmeckt. Lustlos stochere ich in dem zähen Vogel herum und vor meinem geistigen Auge tauchen wieder die zwei hopsenden Geier auf. Eine unschöne Idee kapert langsam, aber unaufhaltsam meine Gedanken, setzt sich hartnäckig fest: Auf meinem Teller liegt nicht das Huhn, sondern der Geier! Ich esse nicht viel, aber ich esse.

Am frühen Abend fällt heftiger Regen. Der erste seit 52 Tagen, wie ich mit Hilfe meines Tagebuchs feststelle. Eine Französin beginnt im Regen zu tanzen und wird vom Personal höflich darauf hingewiesen, genau das doch bitte zu lassen. Wie kann sie nur so dämlich sein? Jeder weiß doch: „Der erste Regen bringt Krankheiten!“ Von denen 90 Prozent wahrscheinlich mit einem Stück Seife auszurotten wären. Mich erinnert der Regen daran, dass es Zeit ist, Conakry anzusteuern und nach Deutschland zurückzukehren. Die Regenzeit beginnt und das Reisen wird jetzt beschwerlich, viele Straßen werden demnächst unpassierbar sein.

CONAKRY/GUINEA

Welcome to Hell's kitchen

Früh aufstehen, um ohne lange Wartezeit ein Buschtaxi zum nächsten Reiseziel zu erwischen, bedeutet, die beste, kühlste Zeit des Tages mit Rumstehen auf einem vermüllten *Gare Routière* zu verplempern. Über diesen Punkt bin ich längst hinaus. Und so starte ich erst gegen elf nach einem gemütlichen Frühstück, einem weiteren *Café Noir* am Straßenbüdchen. Das bedeutet, ich werde die Millionenstadt Conakry erst nach Einbruch der Dunkelheit erreichen. Doch das schreckt mich nicht mehr. Alle Horrorszenarien über Kriminalität, Diebstähle und Gewalt haben sich bislang als purer Unfug entpuppt. Gehörigen Respekt habe ich jedoch vor der heutigen Etappe. Die letzte Überlandreise in Guinea. Allerdings eine, die nochmal alles bietet, was das Reisen hier zum Abenteuer macht.

„Wenn Afrika die Schule der Leidenschaft ist, dann ist Guinea deren Universität." Wieder so ein Afrika-Spruch. Ich weiß nicht, wo ich den gelesen oder gehört habe, aber meine Erfahrungen gibt er nicht wieder. Zu bescheiden, zurückhaltend oder gar lethargisch erscheinen mir die Menschen. Guinea bedeutet weiß Gott nicht Karneval in Rio. Wenn überhaupt, trifft der Spruch im täglichen Leben auf den Straßenverkehr zu. Zu meiner Freude ist die Straße nach Conakry viel schlechter, als es chinesische Ingenieurskunst vermuten lässt und der Fahrer holt die Höchstgeschwindigkeit nur selten aus dem Peugeot heraus. Doch es geht durch die Berge und hier und da gibt es schon ein Stück Teer, wo unsere Rostlaube mit zitternder Tachonadel an den 110 kratzt. Schnell entwickle ich eine tiefe Zuneigung für jedes Schlagloch, das ich am Horizont erspähe, denn das bedeutet bremsen. Das Problem mit den Schlaglöchern ist, dass sie bei freier Wahl der Fahrbahnseite umfahren werden. Lastwagen, Motorräder, Pkw halten häufig links, rechts oder in der Mitte der Fahrbahn schwungvoll aufeinander zu und schwenken erst im letzten Moment hart auf die eigene Spur zurück. Und rammen dabei das Motorrad, das die Gelegenheit nutzt, um rechts zu überholen oder übersehen den Hallodri, der noch weiter links vorbeizukommen hofft. Selbst wenn der Haudegen am Steuer – üblicherweise mit Nerven wie Drahtseile ausgestattet – Kalamitäten schon kommen sieht, kaut er weiter stoisch auf seinem Streichholz und lässt den Patschen auf dem Gas. Sicherheitsabstand gibt es keinen. Mal schlittert ein Motorrad mit blockiertem Vorderreifen auf uns zu, mal touchieren wir ein Moped, das von unserem plötzlichen Spurwechsel überrascht wird, und bringen es samt der dreiköpfigen Familie mächtig ins Schlingern. Haarsträubend, doch in Guinea der normale Wahnsinn. Kurz wird geschimpft, dann geht es weiter wie gehabt. Eine andere Spezialität sind die turmhohen Dachladungen, die fast alle Fahrzeuge zieren. Nichts, was nicht auf dem Dach verzurrt werden könnte: Hühner, Ziegen, Schränke, Betten, Kanister, Ölfässer, Autoreifen und meist alles zusammen. Mich quält die Horrorvorstellung, dass sich im Gegenverkehr ein oder zwei Reifen vom Dach lösen und lustig hoppelnd unsere Windschutzscheibe durchschlagen. Auf den knapp 300 Kilometern nach Conakry liegen mindestens 50 verbeulte Autowracks am Straßenrand, mehrmals ist die Straße gesperrt und wir holpern auf der Umgehung durch den Busch. Kaum ein Wrack sieht so aus, als stünde es schon länger am Straßenrand. Zeugen der Tatsache, dass trotz des unerschütterlichen Optimismus ab und zu ein Manöver schiefgeht. Dazu kommt noch rund ein Dutzend umgestürzter Lastwagen, die Unfallstellen mit Zweigen markiert und somit „gesichert". Fast alle noch beladen, das heißt der Crash ist frisch, es kracht also ständig. Mögliche Unfallursachen werden von meinen Mitreisenden und unserem Fahrer zwar lebhaft gestikulierend kommentiert, scheinen aber keinen Anlass für eine besonnenere Fahrweise zu geben. Die Crashpiloten waren wohl alle bemitleidenswert verblödet, unser Fahrer hingegen ist ein unverwundbarer Superheld.

Inzwischen bin ich zu der felsenfesten Überzeugung gelangt, dass das Verhalten im Straßenverkehr nur Ausdruck einer tiefen Todessehnsucht sein kann oder aber dem Wissen um die eigene Unsterblichkeit entspringt. Das größte Gottvertrauen beweist ein Rollerblader auf einem vierspurigen Teerstück in einem Vorort Conakrys. In schon stockfinsterer Nacht jagt er in voller Fahrt, unbeleuchtet und in kurzen Hosen, durch die vielleicht einen Meter breite Lücke zwischen unserem Taxi und einem Sattelschlepper hindurch. Selbstverständlich gegen die Fahrtrichtung, während sich sowohl das Buschtaxi als auch der tonnenschwere Lkw mit 60 bis 70 km/h im dichten Verkehr vorwärts bewegen. Hochachtung! Mein „Tor des Jahres" im Straßenverkehr Guineas. Von den mitreisenden Passagieren verzieht dagegen keiner auch nur eine Miene!

Irrtümlich lasse ich mich in rabenschwarzer Nacht noch 15 Kilometer vom Zentrum entfernt absetzen – und ins falsche Taxi verfrachten. Die Kommunikation mit dem Chauffeur war schwierig. „Centre Ville" war wohl zu kompliziert und anschließend hat der Fahrer den Stadtteil Kaloum mit irgendeinem Calumba anderswo verwechselt. Schnell bemerke ich den Irrtum und springe in einem stockdunklen Teil der Stadt in die Nacht. Dort kann ich leider nicht einfach so ein weiteres Taxi ans gewünschte Ziel nehmen. Stattdessen muss ich bei vorbeifahrenden Sammeltaxen mit festgelegten Routen zu mir unbekannten Zielen aufspringen. In diese *Colectivos,* meist französische Kleinwagen, quetscht man sich zu viert auf die Rückbank – ich tue das zusätzlich mit zwei Rucksäcken. In Deutschland wären die Passagiere wohl explodiert, wenn sich eine stinkende, verschwitzte und verdreckte Variante von Indiana Jones mit einem Haufen Gepäck einfach so auf ihren Schoß wirft. In Conakry alles völlig normal. Immerhin habe ich kein Nutzvieh dabei. Irgendwer schließt die Tür, die anderen Fahrgäste schuckeln sich ein wenig im Sitz zurecht und weiter geht's.

Angesichts der mangelnden Beleuchtung und des düsteren Zustandes der Gegend befällt mich inzwischen leichtes Unwohlsein. Beim Betrachten der Kulisse, die vor den Seitenscheiben vorbeizieht, gewinne ich den Eindruck, die Hauptrolle in der Verfilmung von Dantes Inferno ergattert zu haben. Sieht so das neue Afrika aus? Schemenhaft erkenne ich Menschen, die auf der Straße zwischen mannshohen Müllbergen schlafen. Vor ärmlichen Hütten glimmen ein paar schummerige Kohlefeuer, auf denen gekocht wird. Schatten huschen vorbei, ein dürrer, dreibeiniger Hund schleicht durch sein Revier, dann wirkt die unbefestigte Straße wie ausgestorben. Ein Stück weiter lodern dagegen mehrere Müllhaufen am Straßenrand fröhlich vor sich hin. *Welcome to Hell's Kitchen,* Conakry, schießt es mir durch den Kopf. In den Straßen und über den Dächern hängen dunkle, stinkende Rauchschwaden. Der Vorhof zur Hölle, eine weitere afrikanische Apokalypse, fünf Minuten bevor die Welt untergeht, eine urbane Dystopie. Das ehemalige „Paris Afrikas" scheint auf den Hund gekommen.

Aber selbst im Fegefeuer dieses urbanen Molochs gibt es ein GPS-Signal und regelmäßig stiere ich auf mein Smartphone, um reagieren zu können, falls mein *Colectivo* die grobe Richtung zum Stadtzentrum verlässt und ich abspringen muss. Nur noch vier Prozent Batterieladung und noch viele Kilometer bis zum Ziel. Ich habe ernsthafte Bedenken, irgendwo an einem dieser dunklen Orte ewiger Verdammnis zu stranden. Ein angeblicher Polizist in Zivil nimmt sich im Sammeltaxi meiner an. Aber in diesem Umfeld traue ich dem Braten nicht. Mir missfällt die menschenleere, unbeleuchtete Ecke, an der ich aussteigen soll, obwohl der Polizist bestimmt und amtlich wirkt. In zwei weiteren Taxen gelingt es mir mühsam, mich bis auf fünf Kilometer ans Zentrum heranzuhangeln. Korruption funktioniert natürlich nicht, wenn man sie wirklich braucht: Erst im dritten Wagen kann ich den Fahrer mit 5 Euro „überzeugen", mich ungeachtet seiner Route und seines Reviers direkt nach Kaloum zu fahren.

Erleichtert checke ich gegen halb elf hinter hohen Eisentoren beim Erzbischof, respektive in seinem Gästehaus, ein. Preiset den Herrn! Ich leiste umgehend Abbitte für meine Sünden. Kerzen zum Anzünden finde ich keine, dafür Strom. Im Moment jedenfalls. Angeblich ist das „Maison d'Accueil" die einzig günstige Unterkunft in dieser bitterarmen Stadt. Zwar nicht die komfortabelste, doch mittlerweile ziehe ich es vor, für 130.000 Guinea Franc statt für 300.000 oder 1.750.000 kein Wasser und keinen Strom zu bekommen. Drei Kreuze! Conakry! Nach 6.947 knüppelharten Straßenkilometern habe ich mein Ziel auf dem Landweg von Spanien erreicht.

Ein weiteres Mal sieht die Welt am nächsten Morgen entspannter und friedlicher aus – selbst in Conakry. Wie ich schnell feststelle, ist die beschauliche Stimmung heute hauptsächlich der Tatsache geschuldet, dass der 1. Mai auch in Guinea ein Feiertag ist. Allerdings nur für die öffentlichen Angestellten und andere *White-Collar*-Jobs. Der Markt ist geöffnet, die Fischer fahren aufs Meer und auch die Baustellen ruhen nicht. Trotzdem bedeutet das Durchatmen für Conakry, 95 Prozent weniger Verkehr, frische Luft und ein wenig Ruhe.

Zusammen mit Fokam, dem bereits erwähnten Journalisten aus dem Kamerun, hocke ich auf der luftigen Veranda meines Gästehauses, das seine Hochwürden der Erzbischof von Conakry so großzügig zur Verfügung stellt. Nur das tote Huhn, das noch tagelang im Hof liegen wird, stört die angenehme Atmosphäre unter einem Schatten spendenden Flammenbaum. Offensichtlich hat es gerade der Schlag getroffen. Seine Artgenossen stupsen es immer wieder mit dem Schnabel an, der Hahn versucht es zu besteigen. Welches Schicksal das kürzlich verschiedene Huhn auch immer ereilt haben mag, offensichtlich ist niemand für den Leichnam zuständig. Nicht einmal die Geier. Über deren Abwesenheit trösten in *Downtown* Conakry Schwärme von Fledermäusen hinweg, die kopfüber in allen Bäumen hängen. Ich mag sie nicht besonders, denn ich weiß, dass ihr Kot Krankheiten überträgt und der bedeckt den Hof des Erzbischofs reichlich. Die Viecher stellen die unangenehme Verbindung zu Ebola her, das weite Teile Westafrikas bis 2016 so heftig heimgesucht hat. Auch bei der Übertragung von Corona stehen ihre chinesischen Artgenossen unter Generalverdacht.

Bei Sonnenuntergang ein beeindruckendes Schauspiel: Aufbruch der Fledermäuse

Im Nachbarland Liberia wurde der Ebola-Erreger bei Fledermäusen nachgewiesen. Dort werden sie gejagt und gegessen. Wenn die Armut groß ist, bereichern Wildtiere die Speisekarte, Fledermaus und Flughund eingeschlossen. Ich vermute, das ist im ländlichen Guinea nicht anders. Ein bisschen Horror und der Hauch von Tod und Verwesung schwingen in Guinea immer mit.

Trotz der düsteren Gedanken verläuft der Vormittag mit Fokam sehr anregend. Der untersetzte Reporter, Selfmade-Anwalt in Sachen Westafrika, Mitte fünfzig, spitzbübisches Lächeln, läuft zur Hochform auf. 16 Bücher hat er bereits über unterschiedliche westafrikanische Länder mit französischem Kolonialhintergrund geschrieben. Zunächst plaudern wir über meine Begegnung mit dem Kameruner auf dem Markt in Koundara. Fokam sagt, viele seiner Landsleute seien der Ansicht, dass die deutsche Kolonialzeit zwar keine selbstbestimmte Periode war, aber doch umso vieles besser als die folgende französische. Als Beispiel nennt er die Infrastruktur, die vom Deutschen Reich in knapp 28 Jahren dort geschaffen wurde. „Sie übertrifft bei Weitem das, was die Franzosen in einem deutlich längeren Zeitraum hinterlassen haben. Die Bahntrassen der Deutschen sind zwar überholt, aber bis heute in Betrieb." Auch die harte Assimilationspolitik der Franzosen, die alle lokalen Sprachen aus den Schulen verbannte, kam nicht gut an. Und schon ist er wieder da: Dieser merkwürdig erleichternde Gedankenreflex „Wir Deutschen waren gar nicht so übel, die Franzosen haben ja viel schlimmer gewütet!"

Fokam brennt es unter den Nägeln, seine Sicht der Verhältnisse im ehemaligen Französisch-Westafrika darzulegen. Der freundliche Mann mit dem runden Gesicht und dem sehr runden Bauch bekräftigt eine These, die ich schon im Senegal oft gehört habe und erklärt mir geduldig, was ich mit meinem miesen Französisch nicht sofort verstehe: „Alle ehemaligen Staaten Französisch-Westafrikas werden noch immer indirekt aus Frankreich heraus oder von frankreichhörigen Eliten gesteuert. Sie sind niemals wirklich unabhängig geworden." Afrika sei in den Hinterzimmern des Élysée-Palastes noch immer geheime Chefsache, ist Fokam überzeugt. Frankreich hat vor den leicht gewährten Unabhängigkeiten für Westafrika in den 1960er-Jahren dafür gesorgt, dass überall Frankreichs Lakaien an die Macht kamen. Die respektieren bis heute Frankreichs Wirtschaftsinteressen und vertreten mit ihrer Außenpolitik französische Belange. Im Gegenzug unterstützt Frankreich diese Führungszirkel beim Machterhalt. Während er mir diese Thesen weiter erläutert, strahlen Fokams sonst so fröhliche Augen plötzlich gar nicht mehr, seine Züge bekommen eine aggressive Härte. Mir leuchtet jetzt ein, warum die Stacheldraht-bewehrten französischen Botschaften in dieser weltpolitisch doch recht unbedeutenden Gegend solche Dimensionen annehmen. Oft nehmen sie in Westafrika ganze Stadtviertel ein, wirken eher wie Kasernen und scheinen weit mehr zu beherbergen als nur Botschaftspersonal und Konsularservice. Ein paar Schlapphüte, ein Bataillon französischer Fallschirmjäger, Nachrichtenspezialisten und Wirtschaftslobbyisten langweilen sich sicherlich in vielen Hauptstädten der westafrikanischen Diaspora und warten auf Versetzung.

Fokam ist felsenfest davon überzeugt, dass die französischen Präsidenten bis zum heutigen Tag all ihren Einfluss nutzen, um Guinea zu strangulieren. Schon seit de Gaulle muss Guinea als abschreckendes Beispiel für andere Ex-Kolonien herhalten. Fokam spricht aber auch harte Worte über die afrikanische Volksseele. Er ist weit gereist und kennt neben seinem Heimatkontinent auch Westeuropa, die USA und Asien. Wieder werden seine Züge hart. „Ich bin kein Rassist und ich bin schwarz", schickt er vorweg, „deswegen darf ich Folgendes sagen: Es ist nur in Afrika und nur bei Schwarzen möglich, einen ungeheuren materiellen Reichtum für sich und die eigene Familie anzuhäufen, während der direkte Nachbar im Elend verreckt. Die wenigen Reichen besitzen fünf ausländische Nobelkarossen, zehn Fernseher, haben vier Frauen. Ihre Kinder gehen in Europa oder Amerika zur Schule, verprassen dort das Geld. Sie leben hier in Afrika hinter dicken Mauern und können es ertragen, dass direkt nebenan ihr Nachbar im Elend ohne medizinische Versorgung stirbt. Solidarität existiert nicht." Der Schriftsteller Paul Theroux sieht das ähnlich. In einem seiner letzten Bücher („The Last Train to Zona Verde") schreibt er: „Der blutrünstige, selbsternannte, größenwahnsinnige und seit Jahrzehnten herrschende Staatschef mit der Moral einer Fruchtfliege nebst eitler, kaufsüchtiger Gattin, Helfershelfern und Schlägertrupps ist eine obszöne Besonderheit des afrikanischen Lebens, die vermutlich nicht verschwinden wird.“ Fokam jedenfalls ist überzeugt, dass es diese Form der Herrschaft von Regierung und Wirtschaftsbossen in solch extremer Ausprägung nur in Afrika gibt. Er bezeichnet das Phänomen gar als afrikanische Geisteskrankheit. Ich möchte diese Aussage abmildern, die krassesten Exzesse auch den Umständen zuschreiben, aber Fokam lässt keine Diskussion zu und widerspricht ungeduldig jeder Form von Relativierung. Er ist stinksauer auf die afrikanischen Eliten.

Es fällt auf, dass wir wieder nicht von Kamerun oder Guinea reden. Fokam spricht meist von Afrika und bestätigt, dass sich die Menschen hier, egal aus welchem Land sie kommen, in allererster Linie als Afrikaner sehen, dann kommt die Ethnie, erst dann die Nationalität als Senegalese, Togolese oder Kameruner. Das ist in Europa meist genau anders herum.

Sehnsuchtsvoller Blick am Fischerhafen

Conakry hat, was touristische Sehenswürdigkeiten anbelangt, nicht viel zu bieten. Ein verstaubtes Nationalmuseum gammelt vor sich hin, die meisten Räume leer. Einige futuristische Bauten im 70er-Jahre-Stil Oscar Niemeyers wirken ungenutzt. Also widme ich mich dem gastronomischen Angebot. Auf der Dachterrasse im fünften Stock eines neuen Boutique-Hotels esse ich nach Wochen einmal wieder eine Portion Spaghetti, die für sich in Anspruch nimmt, von der italienischen Küche inspiriert zu sein. Schwachsinnige Idee! Nettes Geschirr, geschmacklich allerdings zweifelhaft und völlig überteuert. Aber trotzdem schön, hier oben im Wind zu sitzen. Auf dem Heimweg sehe ich im blauen Licht eines Fernsehers nur schemenhaft erkennbare Männergruppen. In einer finsteren Bar, im Gewirr der unbeleuchteten Straßen, verfolgen sie ein Champions-League-Spiel. Zu düster und zu stickig

Wahnwitzige Abrissarbeiten mit dem Vorschlaghammer

für mein momentanes Befinden. Ich entscheide mich für ein Bier in einer einfachen Bar, in deren Innenhof auch getanzt wird. Diesmal kein Kirmestechno, dafür ein Hauch der angeblichen Leidenschaft Guineas, allerdings ohne die Fröhlichkeit Bissaus. Die High Society – oder muss ich sagen die Kleptokratie – trifft sich in den luxuriösen Nachtclubs der wenigen internationalen Hotels. Die weniger Glücklichen bevölkern auch um Mitternacht noch die Straßen Conakrys. Viele der Erschöpften müssen noch weit zurück in die Vororte, die sich über 30 Kilometer ins Landesinnere ausdehnen. Einige schlafen gleich auf der Straße oder in einem dunklen Winkel auf irgendeiner Pappe. Andere ruhen sich vielleicht nur aus, bevor doch noch ein *Colectivo* kommt.

Am nächsten Morgen stelle ich mich dem scheinbar unvermeidlichen Fischmarkt, ein Schlachtfeld aus Blut, Schleim, Sand und unfassbarem Gestank. Die Boote im Hafen davor sind eingerahmt von einem Kordon aus dümpelndem Plastikmüll. In Sichtweite von der Hafenfront erblicke ich mehrere tropische grüne Inseln, die Îles de Los. Eine davon besitzt ein kleines Resort. Die Preise sind astronomisch hoch, 90 Euro allein für die Überfahrt, die Kommentare wenig enthusiastisch, Komfort und Service wohl unterirdisch. Mir liegt nicht viel an dieser Kunstwelt. Ich erspare mir die Überfahrt und das Vergnügen, mich im total vermüllten Meer abzukühlen. Zu groß erscheint mir das Risiko, bei den angesagten Gewitterstürmen im offenen Boot über das Meer zu schippern oder auf der Insel hängenzubleiben. Ich harre lieber im quirligen Getümmel Conakrys aus. Windschiefe, selbst zusammengezimmerte Marktstände verströmen Endzeitstimmung, versorgen die Bevölkerung an ungepflasterten, schlaglochübersäten Straßen. Nur 30 Meter von der Hauptverkehrsader des Stadtzentrums und ein paar 100 Meter vom Präsidentenpalast entfernt. Kaum ein modernes Geschäft oder Café für die Wenigen, die es sich leisten können. Die Fassade des Polizeireviers in Kaloum ziert ein überlebensgroßer Schlagstock schwingender Polizist, gerüstet mit Helm und Schild. Fotografieren verboten! Da weiß jeder, wo es langgeht. Sehr lustig, würde ich daheim sagen. Hier sicher nicht, denn so ein prügelnder Polizist in voller Kampfmontur kann in Conakry schnell eine reale Erfahrung werden.

Ich verbringe einen müßigen Nachmittag mit der Beobachtung eines völlig durchgeknallten Abrisskommandos, das wohl den Auftrag hat, eine Fläche in Hafennähe zu planieren. Von einem Hochhaus steht nur wenig mehr als der hohle Zahn des Betonskeletts. Wie viele Etagen das Gebäude einst hatte, ist nur noch schwer zu erahnen. Vielleicht zwölf, vielleicht auch vierzehn. Ganze Gebäudeteile sind von der tragenden Struktur abgetrennt und hängen nur noch an den Armierungseisen. Dazwischen und darauf klettern Arbeiter in schwindelerregender Höhe völlig ungesichert mit großen Vorschlaghämmern herum und lösen ganze Geschossteile ab. Manchmal ein halbes Stockwerk auf einmal. Das fällt ungebremst nur wenige Meter entfernt von Bretterverschlägen und belebten Verkaufsständen herab und produziert mächtige, alles einhüllende

RC-6863-AG

EIN TEIL DER ARCHITEKTUR DES NACHKOLONIALEN AUFBRUCHS IST SCHON WIEDER ABBRUCHREIF
Conakry/Guinea

Staubwolken. Die Abbruchspezialisten arbeiten sich von oben nach unten voran. Jedes Mal, wenn sich die Wolke lichtet, bin ich froh, sobald sich der kühne Abrissarbeiter hoch oben aus der Deckung wagt und noch am Leben ist und die Buden unten noch stehen. Das Ganze erscheint so irrsinnig, dass ich nach einer Weile nicht mehr zusehen kann. Ich will nicht mehr hier sein, wenn passiert, was passieren muss, wie ich glaube. Selbst die abgebrühten einheimischen Passanten regen sich über diesen Wahnsinn auf, der noch tagelang so weitergehen wird. Und so verstehe ich in dieser Nacht Aboubacar immer besser. Bei Aboubacar kaufe ich meine Telefonkarten, deren kleine Guthaben schnell verbrannt sind. Schon seit Tagen scherzt er, ich soll ihn mit nach Hause nehmen. Heute glaube ich ihm, wenn er im Brustton der Überzeugung sagt, innerhalb von zehn Minuten hätte er einen Reisebus gefüllt, falls es nach Deutschland ginge. Niemand würde bei einem solchen Sechser im Lotto auch nur darüber nachdenken, vorher noch die Zahnbürste zu holen oder den Lieben Bescheid zu geben. Aber das sind alles Spinnereien, wie wir bei einer gemeinsamen Cola feststellen.

In Guinea schwenkt die westafrikanische Küstenlinie aus der Nord-Süd-Richtung langsam in die West-Ost-Richtung. Für mich fühlt sich Guinea daher wie das natürliche, weil geografische Ende dieser Reise an. Weitere geheimnisvolle Ziele wie Sierra Leone, Liberia, die Elfenbeinküste und der aufsteigende Stern Ghana, wo sich politische Stabilität scheinbar auszuzahlen beginnt, hätte ich sehr gerne noch erlebt. Ebenso das ehemals deutsche

Togo, gefolgt von Benin und dem knapp 200-Millionen-Menschen-Powerhouse Nigeria oder Kamerun. All diese Staaten reihen sich wie auf einer Perlenkette dicht gedrängt gen Osten aneinander. In ihrer Entwicklung könnten sie jedoch kaum unterschiedlicher sein.

Doch die Regenzeit beginnt und viele Ziele werden jetzt auf dem Landweg unerreichbar. Ich selbst bin ein wenig afrikamüde und brauche eine Pause.

Als ich noch schwanke, ob ich nicht doch noch einen kurzen Abstecher nach Sierra Leone machen sollte, bekomme ich ein Zeichen von höchster Stelle. Ich mache Bekanntschaft mit dem Präsidenten. Allerdings nur flüchtig. Nachts ist die Straße zum Gästehaus blockiert und ein Soldat versperrt mir den Weg. Ich frage, was los ist und er antwortet mir „Attend! Le Président!“ Und schon wird in Funkgeräte gebrüllt, Gitter werden von der Straße gerissen und zwei Motorräder rasen mit Blaulicht über die Hauptverkehrsstraße, die so gar nichts von einem breiten Prachtboulevard hat. In einigem Abstand folgt ein kunterbunter Konvoi ältlicher Limousinen, einem größeren SUV, betagten japanischen Kleinwagen und zwei offenen Militärjeeps, darauf Soldaten, bis an die Zähne bewaffnet. Insgesamt sind es etwa fünfzehn Fahrzeuge, alle „pedal to the metal“, also sehr zügig unterwegs, was bei den hüpfenden Kleinwagen der Kolonne groteske Züge annimmt. Seine Exzellenz, Präsident Alpha Condé rast an mir vorüber. „Armes Guinea“, denke ich, wenn es seinen Präsidenten mit dieser zusammengewürfelten Fahrzeugkolonne losschicken muss. Respekt für die Fahrer: Mit weit über

100 durch die dunkle, mit Hindernissen übersäte Straße zu fahren. Ein westafrikanischer Präsident ist chronisch anschlagsgefährdet. Niemand soll zu genau zielen können. Alpha ist auf dem Weg zum Flughafen. Er hat dringende Geschäfte in der Türkei zu erledigen, wie ich der Zeitung entnehme. Nach den Erfahrungen in Banjul und Bissau tippe ich auf schwimmende Kraftwerke als Gegenstand der Verhandlungen. Der Präsident verlässt Afrika, also begebe auch ich mich auf den Weg nach Europa. Doch bereits beim Ticketkauf mischt sich Wehmut in die Freude auf zu Hause. Die herzlichen Menschen, ihre unprätentiöse, hilfsbereite Art, die Improvisation mit den wenigen vorhandenen Mitteln, die Todesverachtung im Straßenverkehr, das oft so fröhliche Chaos – dieser ganze bunte Wahnsinn wird mir fehlen.

Unterwegs habe ich nicht einen einzigen weiteren Verrückten getroffen, der die Strecke von Europa nach Guinea mit öffentlichen Verkehrsmitteln auf der Straße zurücklegte. Ich kann das auch nicht uneingeschränkt empfehlen. Es ist schwierig, auf diese Weise den Kontinent abseits der Städte kennenzulernen. Oft ziehen wunderschöne Landschaften einfach vorbei, ohne dass ich die Möglichkeit zu stoppen habe. Touristen, die sich zu irgendwelchen Naturschönheiten chauffieren lassen, gibt es so gut wie keine. Doch nirgendwo hat ein Reisender engeren Kontakt zur Bevölkerung als in einem der überfüllten Buschtaxen. Es braucht schon eine gehörige Portion Masochismus, um die vielen Kilometer in Hitze, Staub und völlig abgehalfterten, schrottreifen Kisten hinter sich zu bringen. Die

Fischfrauen eines Straßenmarktes in Kaloum warten auf Kundschaft

Waschtag nahe des Hafens

Warten auf den Haarschnitt: Freiluftfrisör im Hafen von Conakry

Fähigkeit zu stoischer Bedürfnislosigkeit hilft, um viele, viele Stunden an schattenlosen Taxiständen im Nirgendwo zu verbringen. Verkehrsregeln, Airbags, Seitenaufprallschutz und TÜV-Intervalle: Am besten vergessen! Eine vermüllte Landschaft und morbider Verfall werden dein ständiger Begleiter sein. Hygiene? Geh gedanklich zurück ins Mittelalter, bevor Schmutz im Zusammenhang mit Krankheit stand oder streich den Begriff einfach aus deinem Wortschatz. Stattdessen empfehle ich das Mantra „Es wird schon alles gut gehen". Als Autosuggestion, um Phobien zu entgehen und psychisch fit zu bleiben. Solltest du nicht ohne Strom und fließendes Wasser leben können, denk nicht einmal daran, nach Westafrika zu reisen. Deren Vorhandensein ist auf Sicht von 24 Stunden nie verlässlich einzuplanen. Kühle Getränke werden ebenso rar sein wie kulinarische Highlights. Nur die Menschen Westafrikas und das Abenteuer werden dich für die Reise in diese raue Weltgegend belohnen.

Ein Taxi bringt mich spät nachts zum Flughafen von Conakry. Ich mache mich auf den Heimweg, diesmal mit dem Flugzeug. Heute Nacht überwiegt der Abschiedsschmerz. Mein Kopf ist voll mit den Eindrücken einer mir immer noch sehr fremden, verrückten Welt. In meinen Erinnerungen dominieren die Herzlichkeit und die Ehrlichkeit der Menschen. Aber auch deren Elend und die katastrophalen Lebensverhältnisse, der unvorstellbare Grad der Umweltverschmutzung und der ruinöse Zustand beinahe aller Dinge, die nicht mehr fabrikneu verpackt sind. Soziologisch interessant: Der Fatalismus mit dem jeder

Art von Murks begegnet wird. „That's Africa!", lautet das universelle Totschlagargument, die Entschuldigung für all die Dinge, die eben schief gehen oder nicht funktionieren, für jede Verspätung.

Viele Themen sind im Dialog mit den Menschen tabu geblieben. Bei Religion, häuslicher Gewalt, Homosexualität und afrikanischen Riten beiße ich auf Granit. Einblicke, die mir verwehrt bleiben. Trotzdem habe ich viele persönliche Geschichten gehört, viel gesehen und erlebt, habe gelernt, meine Bedürfnisse auf ein Minimum zu reduzieren.

Der Weg entlang der Westküste Afrikas nach Capetown ist noch lang. 9.657 Kilometer um genau zu sein. Reizvoll. Doch das ist eine andere Reise. Oder drei.

Und noch ein letzter Tipp: Wer Westafrika auf eigene Faust bereist, der sollte neben der schnöden Reiseversicherung unbedingt auch an den spirituellen Beistand höherer Mächte denken. Nehmt Glücksbringer mit oder legt euch unterwegs einen zu! Der geschulte Fachverkäufer vor Ort berät hier gern und vermittelt den passenden Fetisch für eine glückliche und sichere Reise. Meiner hat jedenfalls prächtig funktioniert!

CASABLANCA/MAROKKO

Integrationskurs & Epilog

Ich fliege nicht direkt zurück nach Deutschland. Ein Kulturschock funktioniert auch in der Gegenrichtung. Bei dem Gedanken, schon wenige Stunden nach der Anarchie Conakrys übergangslos im sortierten Frankfurt aufzutauchen, registriere ich Schweißperlen auf meiner Stirn. Casablanca verkörpert auf dem Weg nach Europa die goldene Mitte. Keine sehr orientalische, eher eine moderne Stadt. Und die marokkanische Wirtschaftsmetropole gibt sich redlich Mühe, mich wohlwollend zu empfangen. Temperatur, Nebel, Hangar – bei der Ankunft am Flughafen ist alles wie bei Mr. Bogart im Film. Natürlich fehlt die Bergman, aber nach dem turbulenten Chaos der vergangenen Monate bietet Casablanca deutlich erkennbare zivilisatorische Strukturen. Aus Conakry eingeflogen, fühlt sich die Stadt kaum mehr wie Afrika, sondern eher wie Zürich an. Sehr geordnet. Die staubigen, unbefestigten Straßen sind verschwunden. Es gibt Autobahnen, Ampeln, Bürgersteige und kaum noch Schlaglöcher. Der Müll am Straßenrand fehlt. Verglichen mit den letzten Monaten mutet der Verkehrsfluss schon fast preußisch diszipliniert an. Wasser und Strom sind 24/7 verfügbar. Die absolute Dunkelheit der tropischen Nächte weicht dem gelblichen Licht der Straßenlaternen. In Casablanca will ich meinen Integrationskurs zurück ins europäische Alltagsleben beginnen.

Doch ganz so schnell lässt mich das Afrika südlich der Sahara nicht los. Daten schwirren mir durch den Kopf. Ob *CIA World Factbook* oder die Zahlen der UN – die Länder, die ich auf dieser Reise erlebt habe, schneiden mit Aus-

Aus der Zeit gefallen: Der gemütliche Marché Central mit üppiger Außengastronomie

nahme Marokkos und natürlich Spaniens alle katastrophal ab. Erwirtschaftetes Bruttoinlandsprodukt pro Kopf: Dieser Index führt die Länder Marokko, Mauretanien, Senegal, Gambia, Guinea-Bissau und Guinea auf den Plätzen 127, 158, 162, 184, 171 und 175. Von 192 statistisch erfassten Staaten. Ich bewegte mich also deutlich in den Abstiegsrängen der internationalen Wohlstandstabelle. Die Wirtschaftskraft pro Kopf ist in Deutschland 25 Mal höher als in Guinea-Bissau.

Nach dieser Statistik müssten die Bürger Gambias und Guineas eigentlich mehr tot als lebendig sein – selbstverständlich nur im Durchschnitt. Umso erschreckender, weil die wenigen Reichen diesen Schnitt auch noch drastisch nach oben ziehen. Die in Westafrika übliche Subsistenzwirtschaft wird in diesen Statistiken allerdings nicht berücksichtigt. Gemeint sind damit alle von den Bäumen gepflückten Mangos, der vom eigenen Feld geerntete Reis, die selbst gefangenen Fische. Alle Lebensmittel, die zur eigenen Versorgung angebaut, geerntet und verspeist werden. All das, was nicht über den heimischen Kochtopf hinauskommt und niemals einen Markt erreicht. Diese zusätzlichen Rationen jenseits der Statistik beruhigen mich ein wenig. Die Menge der Kalorien pro Kopf ist zum Glück nicht proportional zur Wirtschaftskraft pro Kopf. Aber nicht nur bei der Wirtschaftskraft, der Kalorienzufuhr oder dem Body-Mass-Index sieht die Lage in Westafrika düster aus. Auch der Index der menschlichen Entwicklung, der Lebenserwartung und Bildungsstand miteinbezieht, lässt die Region nicht gerade in einem besseren Licht erscheinen. In oben schon genannter Reihenfolge: Platz 123, 159, 164, 174, 177 und 175 von 189. Egal, in welchen Kategorien versucht wird, das Ganze in Zahlen zu fassen, die Lebensqualität in dieser Weltgegend ist erschreckend niedrig und das korrespondiert mit meinen subjektiven Eindrücken. Eine Reise von Europa nach Westafrika lehrt in materieller Hinsicht vor allen Dingen eines: Demut vor den Möglichkeiten, die ein privilegiertes Leben in Westeuropa bietet.

Das menschliche Dasein scheint jedoch trotz oder gerade wegen des ganzen regellosen Durcheinanders entspannter. Zeit ist eine üppig vorhandene Ressource. Das kennt man in Europa so nicht mehr. Das Zusammenleben ist kommunikativ. Diese Kommunikation findet auf der Straße und auf dem Markt statt und nicht ausschließlich über E-Mail- und Messenger-Dienste. Die zunehmende

Isolierung vieler Menschen, ein Phänomen, das in Industriestaaten immer mehr Raum einnimmt, scheint hier im Kontext der Familien-Clans schwer vorstellbar, ja eigentlich unmöglich. Beim Thema Arbeit hält Westafrika Europa den Spiegel vor. Arbeitsverdichtung, Effizienz, Selbstmarketing und Selbstoptimierung sind marginale Randphänomene, deshalb fällt mir all das bei meiner Rückkehr umso mehr auf. Doch auch wenn Arbeit in Westafrika emotional oft weniger stressig ist, so ist sie natürlich körperlich umso härter. Ohne teure technische Unterstützung dominiert Muskelkraft. Die ist billiger als Maschinen. Das Ergebnis ist meist ineffizient, immer schlecht bezahlt und manchmal nicht von Erfolg gekrönt. Das ist in vielerlei Hinsicht tragisch, da Misserfolg hier auch immer Hunger und Krankheit bedeuten kann. Viele Menschen sind augenscheinlich unglücklich in ihren harten, perspektivlosen Lebensverhältnissen. Manche verfallen in Lethargie und Defätismus, andere erwecken den Eindruck, eine mühsam unterdrückte Wut auf die Welt in sich zu tragen. Aber dieses Schwarz-Weiß-Bild wird der Realität nicht gerecht. Trotz oder gerade wegen der rauen, von großer Armut geprägten Lebenswirklichkeit sind uns Westafrikas Menschen in der Fähigkeit, in den Tag zu leben, den Augenblick zu genießen oder ekstatisch zu feiern, wenn sich ein Anlass bietet, oft meilenweit voraus. Meine Reise an Guineas Küste lehrt mich neue Facetten der alten Binsenweisheit, dass materieller Reichtum und Wohlstand allein nicht glücklich machen. Sonst wären wir Europäer, mit unseren Spitzenplatzierungen im Wohlstandsranking, vor Glück wohl auch schon längst geplatzt.

Zu Bogies Zeiten befand sich „Rick's Café" in einem Studio in Hollywood – und nicht in Casablanca. Erst 2004 haben ein amerikanischer Handelsattaché und ein paar Filmfans da Abhilfe geschaffen und die „The Usual Suspects S.A." gegründet, die das Café seitdem in der Hafenstadt betreibt. Und so sitze ich in der geschmackvollen, vielleicht ein wenig zu geleckten Bar im maurischen Stil, und lausche zwar nicht Sam, aber einer Jazzband bei hervorragenden Cocktails. Touristen ersetzen die zwielichtigen Gestalten – um gepflegte Abendgarderobe wird gebeten. Zu viele Nüsschen auf den Tischen, in seiner Organisiertheit ein bisschen zu viel Starbucks. Der Zigarettendunst, die langen Abendkleider und die Pokerrunden fehlen – kommerziell, aber ein echter Renner. Hier hänge ich an der Theke meinen Gedanken nach. Was hat diese Reise mit mir gemacht? Welche Vorstellungen und Erwartungen hatte ich vor der Abreise? Halten sie dem Abgleich mit der Realität und dem Erlebten stand? 7.000 Kilometer, meist im Buschtaxi, seltener im Bus oder auf Eselskarren, nochmal gut 500 zu Fuß. Immer wieder haben mir ganz normale Menschen, die irgendwie versuchen über die Runden zu kommen, ihre teils sehr persönlichen Meinungen und Sichtweisen nähergebracht. Ergänzt von Statements einzelner Journalisten und NGO-Mitarbeiter, die mir unterwegs begegnet sind. Meist sehr kraftvolle, nichts beschönigende Anschauungen der politischen und gesellschaftlichen Situation sowie der Lebensumstände. Behauptungen, deren Wahrheitsgehalt ich unmöglich überprüfen kann.

Ich bin froh, diese Reise angetreten zu haben. Es war eine Reise, die teilweise an die Grenzen des Erträglichen geführt hat. Körperlich, aber auch im Sinne der Konfrontation mit der Lebenswirklichkeit in der Region. Man kann Reportagen über Westafrika auch im Fernsehen anschauen. Aber um einen Eindruck von den wahren Lebensumständen zu bekommen, wollte ich die Region mit allen Sinnen erleben. Nirgendwo gelingt das besser als hier, denn es existiert keine Parallel-Welt für Budget-Reisende, kein Minibus-Transport für Touristen, keine Backpacker-Unterkunft und es gibt schon gar keine Pancakes zum Frühstück.

Braucht es ein Faible für die Apokalypse, um Westafrika zu bereisen? Ich kann nicht behaupten, dass ich nicht gern mehr Schönheit und weniger Zerstörung gesehen hätte. Reisen bedeutet für mich aber auch immer, neue Erfahrungen zu machen. Und die sind nirgendwo unmittelbarer als hier, wo es kaum geschützte Räume, keine Wohlstandsoasen oder Touristenhotels gibt. Ich war meist mittendrin im Leben der Menschen, im echten Leben. Die Kakophonie der Alltagsgeräusche in der Stadt, aber auch die Geräusche einer Nacht im afrikanischen Busch. Der Geruch von Holzfeuern, der Gestank des Mülls am Straßenrand, der Fischabfälle auf dem Markt. Die stromlose Dunkelheit. Die Hitze. Die Schicht aus Sand, Staub und Dreck auf der Haut bei Temperaturen jenseits der 40 °C. Waschwasser erst nach Stunden wieder verfügbar. Die Bilder kann das Fernsehen zwar ins heimische Wohnzimmer zaubern, wirklich fühl- und erlebbar ist das aber nur vor Ort. Und das ist fast immer sehr anstrengend, oft schwer erträglich. Insbesondere der Schmutz war unvorstellbar viel schlimmer als alles, was eine Kameralinse zeigen kann. Auf dieser Ebene habe ich mehr Erfahrungen und Sinneseindrücke gesammelt, als ich erwartet hatte. Aber obwohl vieles furchtbar klingt und auch ist, entwickelt Westafrika aufgrund der Intensität der Erfahrungen einen gewaltigen Sog. Es lässt mich auch nach meiner Heimkehr nicht los. Das gestehe ich mir erst so richtig ein, als ich schon Monate wieder zu Hause bin.

Genauso anstrengend wie das Erleben selbst, ist es offensichtlich von diesen Erlebnissen zu erzählen. Bei meinen Reiseschilderungen ernte ich oft nur ein müdes, Verständnis signalisierendes Kopfnicken. Wahrscheinlich mit dem unausgesprochenen Gedanken: „Was wolltest Du in diesen Drecksnestern überhaupt?“ Beim Erzählen über Westafrika geht es selten um Schönheit, bunte Märkte oder atemberaubende Natur. Keine anmutigen Tierbegegnungen, die Landschaft meist nicht der Rede wert. Dafür immer wieder negativ besetzte Themen: Armut, Schmutz, der süßliche Gestank von Verwesung und Elend. Lebhafte Gespräche über die Faszination der Region ergeben sich nur mit denen, die Westafrika mit seinen großartigen Menschen erlebt haben, dort unterwegs sind oder waren.

Immer wieder ertappe ich mich in Casablanca bei dem Gedanken, „die entwickelte Welt muss doch etwas tun!“

Nur was? 60 Jahre postkoloniales Herumdoktern an den Symptomen der afrikanischen Malaise haben kaum Erfolge gebracht. Natürlich muss humanitäre Hilfe als kleinster gemeinsamer Nenner stattfinden. Und dann? Darüber hinaus? Schluss mit Geschäften, die afrikanische Handwerker und Bauern ruinieren, korrupte Eliten noch reicher machen, schreit der gesunde Menschenverstand. Schluss mit Entwicklungsgeldern, die kleptokratische Politiker verteilen können. Stattdessen ein System, das „Good Governance" belohnt. Gesetze, die Rechtssicherheit und Perspektiven geben. Förderung von Bildung, die es den Menschen überhaupt erst möglich macht, gute Entscheidungen zu treffen, ein Gemeinwesen am Laufen zu halten, das Bevölkerungswachstum zu verlangsamen und die Wirtschaftsflüchtlingen in spe eine Perspektive bietet. Das klingt banal, doch die Realität ist unendlich viel komplizierter. Denn inzwischen gehen nicht nur profitorientierte westliche Konzerne, sondern auch die neuen Mitspieler aus China oder den Golfstaaten lieber rücksichtslos den einfachen Weg. Und der führt fast immer vorbei an den Menschen: Asphaltstraßen und ein paar Schmiergelder im Gegenzug für das Recht auf Ausbeutung der Rohstoffe. Geld gegen Fischereilizenzen, Geld für die richtige Abstimmung in internationalen Gremien. Dass hier vom Geld für die „Fat Cats" und nicht für das Volk die Rede ist, versteht sich von selbst.

Die Geschichten von Migration und Flucht könnte ich derweil noch endlos fortsetzen. Alle diese Einzelschicksale verändern meinen Blickwinkel auf das Thema. Vor meinen Augen entsteht das, was mir die afrikanische Realität zu sein scheint: Auswanderung ist zunächst fast ausschließlich ein innerafrikanisches Thema – bis nach Europa schafft es nur ein verschwindend geringer Prozentsatz der Menschen.

Da war Achmadd, der erschöpfte alte Mauretanier mit den scharfen Gesichtszügen, von Kopf bis Fuß in die traditionelle *Derra'a* gehüllt, auf dem Kopf den *Hawli,* eine turbanähnliche Kopfbedeckung. Von morgens bis abends stapft er in Cap Skirring/Senegal mit wütenden Schritten den Strand entlang und versucht seinen Silberschmuck an den Mann zu bringen. Jeden Tag legt er in glühend heißer Sonne viele Kilometer zurück und muss dabei noch die schlecht erzogenen, nach ihm schnappenden Hunde einer Touristin abwehren. Nachts klappert er mit seinen Armreifen und Ringen noch die Restaurants ab.

Da war der distinguierte JMC Gomah aus Brazzaville im Kongo, der als Kellner im Senegal am Lac Rose arbeitet: Während seines Studiums in Dakar brach im Kongo der Bürgerkrieg aus. Seine besorgten Eltern schrieben ihm: „Bleib besser im Senegal." Und so musste er sich fern der Heimat durchschlagen. Selbst mit Unidiplom gibt es nicht annähernd genügend qualifizierte Jobs. Schon gar nicht für einen Kongolesen ohne familiäres Netzwerk im Senegal. So schickt er seit 15 Jahren Geld nach Hause und nie bleibt genug für sein eigenes Flugticket übrig, um endlich die Familie wiederzusehen. Aber nächstes Jahr soll es klappen.

Da war Kwamena, der immer strahlende Selfmade-Koch aus Togo. Weiß der Teufel, warum der ausgerechnet in Guineas tiefster, bitterarmer Provinz, fast 2.000 Kilometer von der Heimat entfernt, gestrandet ist und dort ein kleines Guesthouse betreibt.

Da war Naby, Fischer in Conakry, siebzehn, vielleicht auch erst fünfzehn. In den Augen blitzt der Schalk, immer ein fröhliches Liedchen auf den Lippen, immer gut gelaunt. Der Wuschelkopf hat seine Heimat in der Provinz verlassen. Er hat auf einem chinesischen Fischerboot angeheuert, würde aber lieber für die Europäer arbeiten. „Bei den Chinesen muss man sehr viel arbeiten, der Job ist gefährlich, es gibt viele Unfälle und sie zahlen schlecht. Aber was soll ich machen?“, erzählt er mir und sein gewinnendes Lachen bröckelt für den Moment. Doch immerhin kann Naby schwimmen, im Gegensatz zu vielen anderen Fischern. „Alhamdulillah, gepriesen sei Allah“.

Da war die verschämte, junge Frau in Cap Skirring, ihren Namen will sie nicht nennen, die wir zur nächsten Krankenstation fahren. Mit Schmerz verzerrtem Gesicht hat sie sich in unsere Pension gerettet. Sie hält ihre Rippen und kann kaum laufen, ihr betrunkener Mann hat sie verprügelt, doch sie möchte nicht darüber reden. Fügt sie sich in ihr Schicksal oder ist sie die nächste, die sich auf den Weg macht?

Da war Alagie MB, erst Bürgerkriegsflüchtling, jetzt „Wirtschaftsflüchtling“ aus dem zerrütteten Sierra Leone. Trotz seiner sanften, kontrollierten Freundlichkeit wirkt er verbittert, so als könnte er die aufgestaute Wut nur mühsam zurückhalten. In Conakry zeigt er mir die Kollektion seiner gesammelten und eingeschweißten Klempner-Zertifikate und Arbeitsreferenzen, die er zusammen mit seiner Rohrzange in einem verschlissenen Rucksack aufbewahrt. Damit zieht er auf der Suche nach einem Job von Baustelle zu Baustelle. Alagie mag die Deutschen und hat auch schon für deutsche Firmen gearbeitet oder als „Fixer" – Mädchen für alles – den Übersetzer bei Projekten in Sierra Leone gespielt. Heute und in den letzten Wochen hat er keine Arbeit gefunden. Überhaupt sei das schwierig in Guinea. Deutschland wäre nicht schlecht, aber im Moment sucht er den richtigen Kontakt zu einer amerikanischen Arbeitsvermittlung. Die rekrutiert in Westafrika Handwerker für die Kriegsgebiete in Afghanistan und im Irak. Wie verzweifelt muss ein Mensch eigentlich sein, um einen solchen Job zu wollen?

In Afrika bekomme ich das Gefühl, dass Heimat nicht so wichtig, vielleicht sogar ein Luxus ist. Jeder zweite Gesprächspartner scheint irgendwann von irgendwoher zugewandert zu sein oder träumt zumindest von einem Leben anderswo. Das Gefühl mag trügen, aber zumindest die offiziellen Ländergrenzen haben kaum eine Bedeutung. Wichtiger sind die eigenen Leute, die Familie, der Clan, der Stamm, die Volksgruppe – und diese leben oft über viele Länder verteilt. Wenn in Sierra Leone Krieg ist, dann muss man halt nach Guinea gehen. Immer auf der Suche nach einem kleinen Stück Sicherheit, ein bisschen Hoffnung und Glück.

Die stolze Trikolore Guineas flattert im Fahrtwind über einem offenen Fischerboot. Der Name des Fischerbootes, das zügig den Hafen von Conakry verlässt, sagt alles, verkündet vielleicht das geheime Motto der Menschen Westafrikas. In großen Lettern prangt an der Bordwand:

„Un pauvre n'a pas de choix.“
Ein Armer hat keine Wahl.

ENDE

Wir freuen uns über Rückmeldungen zu diesem Buch per E-Mail an info@reise-know-how.de.